가천대학교 아시아문화연구소
아시아학술연구총서12
아시아대중문화시리즈 ①

역사 속의 한류

가천대학교 아시아문화연구소
아시아학술연구총서 12

아시아대중문화시리즈 ①

역사 속의 한류

기획

가천대학교 아시아문화연구소

지은이

김정희(金靜希), 한정미(韓正美), 이부용(李芙鏞), 김정희(金靜熙)
박태규(朴泰圭), 임다함(任다함), 김계자(金季杼), 이승희(李丞熹)

역락

간행사

아시아대중문화시리즈를 발간하며

대중문화란 '대중이 주체가 되어 생산하고 소비하는 문화 현상과 그 산물'이라 할 수 있습니다. 18, 19세기부터 20세기에 걸쳐 세계 각지에서 근대 국민국가가 형성되면서 기존의 신분 사회가 해체되고 대중 사회가 출현했습니다. 많은 지역에서 비교적 균질적이고 평균적인 교육의 보급과 신문·잡지·라디오와 같은 미디어의 발달로 인해 문화의 대량 소비가 일어나는 것도 20세기의 일입니다. 이렇게 되자 대중문화는 종전의 소위 고급문화를 압도하기에 이르렀습니다. 오늘날 '대중문화'는 인간의 생활 곳곳에서 중요한 심미적 태도를 결정짓는 문화 양식의 총체를 가리키는 말이 되었습니다.

20세기 말까지 대중문화를 선도해간 지역은 주로 유럽과 미주였습니다. 그러나 최근 20, 30년을 돌아볼 때 이러한 현상은 분명히 달라졌습니다. 일본의 애니메이션과 인도의 영화산업, 그리고 K-Pop과 같은 한류의 각 장르는 세계인의 눈과 귀를 사로잡고 있습니다. 이제 아시아는 세계 대중문화의 중심이 되고 있습니다. 특히 한류의 약진에 관한 뉴스를 접하다보면 한국인으로서 크나큰 자긍심을 갖게 됩니다. 1990년대에는 일본의 대중음악(J-POP)이 아시아권에서 유행했고 당시에는 꽤 대단하다고 봤었습니다. 하지만 지금의 K-Pop만큼 전 세계를 휩쓸지는 못했던 것 같습니다.

한류는 영화, 드라마, 음악, 문학 등 예술(예능) 장르뿐만 아니라 패션, 뷰티, 의료, 음식 등 생활 문화에 이르기까지 실로 다양한 분야에 걸쳐 전개되고 있습니다. 20세기에는 늘 세계 대중문화의 '변두리'에서 '중심'을 동경하는 입장이었던 한국의 대중문화가 21세기 한류의 대유행과 함께 이렇게까지 주목을 받으리라고 누구도 상상하지 못했을 것입니다. 거기에는 여러 이유가 있겠지만 무언가 분명히 세계인의 마음을 사로잡는 매력이 있다는 것이겠지요. 그러나 한편으로 지금까지 한류에 관한 많은 논의가 경제적 타산이나 자국중심주의적 사고에 머무르는 일이 없었는지 이제는 반성해볼 필요가 있습니다.

가천대학교 아시아문화연구소는 이와 같은 방향에서 2019년도부터 '아시아 대중문화와 한류의 상호 이해에 기반한 인문학 교육'을 주제로 한국연구재단 인문사회연구소지원사업을 수행하고 있습니다. <아시아대중문화시리즈>는 한류와 아시아 대중문화를 주요 논의의 대상으로 하여 의미 있는 학술적 성과를 담아내어 학계와 사회 일반에 널리 공유할 목적으로 기획된 것입니다. 나아가 대중문화에 대한 인문학적 관점에서의 논구와 사유를 통해 자문화와 타문화의 조화로운 공존을 꾀하고, 보다 풍요로운 인류의 문화적 자산을 가꾸어가는 데에 보탬이 되고자 합니다.

끝으로 본 시리즈를 간행하게 되기까지 도움을 주신 모든 분들께

감사를 드립니다. 우선 집필을 맡아 귀한 원고를 보내주신 필자 한 분 한 분께 깊은 감사의 말씀을 전합니다. 특히 필자의 한 사람으로서 원고의 수합 및 정리와 편집 등 번거로운 일을 맡아주신 연구교수 김정희(金靜希) 선생님의 노고에도 경의를 표합니다. 그리고 어려운 중에도 항상 본 연구소의 중요한 연구 성과를 책으로 만들어주시는 도서출판 역락의 이대현 사장님을 비롯한 임직원과 편집부 여러분들의 깊은 배려에 고개 숙여 감사드립니다. 한류와 대중문화, 그리고 아시아의 문화 등 인문학에 관심을 가진 독자 여러분의 질정과 성원을 바라마지 않습니다.

2021년 6월
가천대학교 아시아문화연구소장 박진수

차례

1부 신과 일본의 내러티브

1부
신과 일본의
내러티브

상대 문헌 속의 '한(韓)'

―

『만엽집(萬葉集)』
『일본서기(日本書紀)』를
중심으로

김정희(金靜希)

1. 머리말

상대 문헌에 나타난 한(韓)의 모습은 동일하지 않다. 하지만 지금까지의 '한'에 대한 연구는 텍스트마다 다른 '한'의 모습을 일괄지어 취급하는 경우가 많다고 말하지 않을 수 없다. 상대에서의 '한'의 전체상을 조망하는 것도 중요하지만, 그것은 각각의 텍스트 분석이 충분히 행해지고 나서 말해져야 하는 게 아닐까? 본고에서 다루고 있는 『고사기(古事記)』, 『일본서기(日本書紀)』[1]에 보이는 '한'에 대해서도 이미 고노시다카미쓰(神野志隆光) 씨[2]에 의해 『고사기』『일본서기』각각이 다른 세계관에 입각해 만들어졌다는 사실이 밝혀졌음에도 불고하고 충분한 텍스트 분석이 행해지지 않은 채 '기기(記紀)'의 '한'으로서 하나로 일괄지어 논해져 왔다고 말할 수 있겠다. 본고는 텍스트마다 다른 '한'의 모습을 부각시키기 위해, 먼저 한적과 금석문에서의 '한'의 유래를 살펴보고, 다음으로 『만엽집(萬葉集)』을 중심으로 『일본서기』의

---

1 山口佳紀, 神野志隆光, 『新編日本古典文学全集1 古事記』, 小学館, 1997.
坂本太郎, 家永三郎 外, 『日本古典文学大系67 日本書紀 上』, 岩波書店, 1967.
───────────, 『日本古典文学大系68 日本書紀 下』, 岩波書店, 1965.
『일본서기』는 정문(正文)이 하나의 중심된 이야기를 구성하고 있다는 판단에서 본고에서는 내용분석 시 일서(「一書」)를 제외하고 생각하기로 한다.
2 '기기신화론(記紀神話論)'을 부정하고, 『고사기』『일본서기』를 별개의 작품으로 보는 시점은 고노시 씨의 많은 논저에 보이고 있다(神野志隆光, 「神話─記紀神話をめぐって」, 『國文学いま＜古代＞を見る』第32巻 2号, 学燈社, 1987. 神野志隆光・米谷匡史, 「古代神話のポリフォニー」, 『現代思想』, 青土社, 1992). 이러한 입장에 다양한 레벨의 신화론도 필요하다고 반론하는 이이다오사무(飯田勇) 씨도 "신화연구의 긴 역사를 배운다면, 아무리 비슷하다 하더라도 『고사기』신화와 『일본서기』의 그것이 별개의 텍스트라는 인식은 지금 누구도 부정할 수 없는 현재 우리들이 공통적으로 서야 할 연구의 지평이다"라고 말하고 있다.(飯田勇, 「『古事記』の神話的世界をめぐって」, 『古事記研究大系』4, 高科書店, 1993)

한과 삼국(고구려, 백제, 신라)이 나타나는 양상을 살펴봄으로써 일본 상대 문헌 속의 한반도 국가들이 어떤 모습이었는지, 그리고 한반도에서 전래된 물품이 어떻게 표현되는지 밝히고자 했다. 다만 이것은 텍스트 분석으로 역사적 사실 여부를 묻는 것이 아니라는 점을 미리 밝혀둔다.

2. 한적과 금석문에서의 '한'

1) 한적에서의 '한'

한반도에는 통칭 '고조선'이라고 불리는 '단군조선'(B.C. 2333?~) '기자조선'(B.C. 1122~, 은(殷)의 기자) '위만조선'(B.C. 190?~B.C. 108, 연(燕)의 위만)이 있었는데, 『후한서(後漢書)』(432경 성립) 『삼국지(三國志)』(3세기 말 성립)는 이 중 '기자조선'의 마지막 왕인 '준왕'이 위만의 침략으로 인해 도망가 '마한'을 물리치고 스스로를 '한왕(韓王)'이라 칭했다는 기사를 싣는다. '한'이 언제부터 한반도에 있었는지는 불분명하지만, 적어도 그 기원을 기원전으로 거슬러 올라갈 수는 있을 것이다. 다음으로 『삼국지』와 『후한서』의 예를 들어 이 시기 중국에서 '한'이 어떻게 인식되고 있었는지 보기로 하자.

한(韓)은 대방(帶方)의 남쪽에 있는데, 동쪽과 서쪽은 바다로 한계를 삼고, 남쪽은 왜(倭)와 접하니, 면적이 사방 4천리 쯤 된다. 한에는 세 종족이 있으니 첫째는 마한(馬韓), 둘째는 진한(辰韓), 셋째는 변한(弁韓)인데, 진한은 옛 진국(辰國)이다. 마한은 서쪽에 위

16

치했다.(중략)제후인 준(準)이 멋대로 왕이라 칭하다가 연나라에서 망명한 위만(衛滿)의 공격을 받아 나라를 빼앗겼다.(중략)준왕은 그의 신하들과 궁인들을 거느리고 도망, 바다를 경유해서 한의 지역에 들어와 스스로 한왕이라 칭했다.(중략)변진(弁辰)은 진한 사람들과 뒤섞여 살았고 성곽도 있었다.

『삼국지』[3]

한은 세 종족이 있으니, 첫째는 마한(馬韓), 둘째는 진한(辰韓), 셋째는 변진(弁辰)이다. 마한은 서쪽에 위치했고 54국이 있으며, 그 북쪽은 낙랑(樂浪), 남쪽은 왜(倭)와 접해 있다. 진한은 동쪽에 있는데, 12국이 있으며, 그 북쪽은 맥(貊)과 접해 있다. 변진은 진한의 남쪽에 있는데, 역시 12국이 있으며, 그 남쪽은 왜와 접해 있다. 모두 78개 나라로 백제(伯濟)는 그중 한 나라이다. (중략)동쪽과 서쪽은 바다를 경계로 하니 모두 옛 진국(辰國)이다. 마한이 가장 강대했는데 그 종족들이 함께 왕을 세워 진왕(辰王)으로 삼았고 목지국(目支國)에 도읍해서 전체 삼한(三韓) 지역의 왕으로 군림했다. 선대 왕들은 모두 마한 종족 사람이다.

『후한서』[4]

'한'은 북으로 대방(帶方) 낙랑(樂浪)과 접하고, 남으로 왜(倭)와 접한다. '마한(馬韓)·진한(辰韓, 秦韓)·변진/변한(弁辰. 弁韓)'이라는 세 종족이 있다. 그중에서도 마한(馬韓)이 가장 세력이 강하고, 내내도 마한 사람

---

3 국사편찬위원회 『중국정사조선전 역주1』국사편찬위원회, 1987. pp.191~197, pp.282~283, p.288 (『三國志』(卷30, 烏丸鮮卑東夷傳), 中華書局, p.849)
4 위의 책, pp.107~108, p.160(『後漢書』東夷列傳75, 韓)

이 진국(辰國) 왕으로 세워졌다고 한다. 통설로는 이들 삼한(三韓)이 조선남부에 있는 나라들로, 이후 마한이 백제로, 진한이 신라로, 변한이 가야로 발전해 갔다고 말하여지고 있고, '한'에 고구려는 포함되어 있지 않다. 그럼 『후한서』[5]의 다음 기사를 보자.

연나라 사람 위만이 조선으로 피난 와서 그 나라의 왕이 되었다. (중략) 건무(建武)초에는 (중략) 예(濊)·맥(貊)·왜(倭)·한(韓) 등이 만 리 밖에서 조공했다.

고구려는 요동의 동쪽 천 리 밖에 있다. 남쪽은 조선과 예맥, 동쪽은 옥저, 북쪽은 부여와 접한다. (중략) 구려(句驪)는 일명 맥이라 부른다. 별종이 있는데, 소수(小水)에 의지하여 사는 까닭에 이를 소수맥(小水貊)이라 부른다. (중략) 구려 제후 추(騶)를 꼬여 국경 안으로 들어오게 한 뒤 목을 베어 그 머리를 장안에 보냈다. 왕망은 크게 기뻐하면서 고구려왕의 칭호를 고쳐서 하구려 왕후(下句驪王侯)라 부르게 하였다. 이에 맥인(貊人)이 변방을 노략질하는 일은 더욱 심해졌다.

(『후한서』)

『후한서』에서는 북쪽의 고구려는 남쪽의 '한'과는 구분되고, '구려(句驪)'는 '맥(貊)'이라고도 불리고 있다. 또한, 『산해경』(전국시대~진·한에 성립)[6]에서는 "맥국(貊國)은 한수(漢水)의 동북에 있다"(海內西経), "조선은

---

5 위의 책, p.98, p.102, p.111, p.138, p.139(『後漢書』東夷列傳 75, 韓)
6 宇野精一, 平岡武夫編, 『全釈漢文大系山海経・列仙伝』, 集英社, 1975. p.456, p.478

18

열양(列陽)의 동해, 북산(北山)의 남쪽에 있다"(海內北経)라고 하며 '맥'과 '조선'이 구별되고 있다. 그럼, '고구려'가 '한'과는 다른 종족이라고 말할 수 있냐 하면, 문제는 그리 간단하지 않다. 사료(史料)에 따라 각각 나라의 기원을 달리 말하고 있기 때문이다. 중국의 정사(正史)에 나타나 있는 조선제국의 기원과 발전과정을 보인 표를 보자.

이들 기사에서 보면, '한'이 맥(貊), 진국(辰國), 진(秦)의 망명인에서 비롯되었고, '한'이 백제, 신라, 가야로 발전했다고 말하고 있다. '삼한(三韓)'의 기원을 '맥'으로 보는 것은 당대(唐代)의 안사고주(顔師古注)뿐으로, 다른 예는 보이지 않는다. 또한, 기원을 말하는 기사 중에서, 고구려의 출자를 '한'으로 보는 예는 없고, '한'은 조선 남부의 마한·진한(辰韓, 秦韓)·변진(변한)의 '삼한'을 가리키는 것으로 되어 있다.

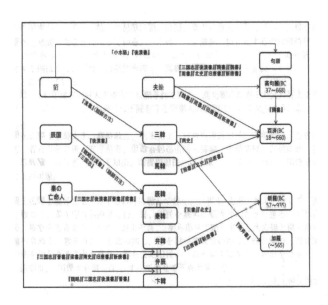

2) 금석문에서의 '한'

'한'은 414년 건립의 광개토대왕 비문에도 기록되어 있다. 고구려의 장수왕이 아버지인 광개토대왕을 칭송하기 위해 세웠다는 이 석비에는 왕릉을 지키는 수묘인(守墓人)의 선별에 대해서 다음과 같이 기록한다.

국강상광개토경호태왕(國岡上廣開土境好太王)이 살아계실 때에 교지를 내려 말하길 '선조왕들이 단지 멀고 가까운 곳에 사는 구민(舊民)들만을 데려다가 무덤을 지키며 소제를 맡게 하였는데, 나는 이들 구민들이 점점 몰락하게 될 것이 염려된다. 만일 죽은 뒤, 나의 무덤을 편안히 수묘하는 일에는, 내가 몸소 다니며 약탈해 온 한인(韓人)과 예인(穢人)들만을 데려다가 무덤을 수호/소제하게 하라'고 하였다. 왕의 말씀이 이와 같았으므로 그에 따라 한(韓)과 예(穢)의 220가(家)를 데려다가 수묘케 하였다. 그런데 그들 한인과 예인들이 수묘의 예법을 잘 모를 것이 염려되어 다시 구민 110가를 더 데려왔다. 신·구 수묘호를 합쳐 국연(國烟)이 30가이고, 간연(看烟)이 300가로서, 도합 330가이다.

「광개토대왕비문 4면」)[7]

광개토대왕은 수묘인을 구민(舊民)이 아니라 약취해 온 한인, 예인이 하도록 명하고 있는데, 그들 신민(新民)이 수묘의 예법을 모를 것을 걱

---

7 노태돈, 김은숙 외, 『역주 한국고대금석문 제 1권』, 한국고대사회연구소, 1992. p.16.
  王健群, 『好太王碑の研究』, 雄渾社, 1984. p.236.

정하여, 구민 110가를 데리고 왔다고 한다. 이 기사에서 보면, 적어도 5세기의 고구려에 있어서 자신들을 '한'으로 의식하고 있지 않았다는 것이 된다. 또한, 다른 고구려의 금석문을 봐도 자신들을 '한'으로 보는 예는 보이지 않는다.

한국에 있어서 '삼한'의 용례에 대해서는 노태돈(盧泰敦)씨가 「삼한에 대한 인식의 변천」, 『한국사연구』8에 자세히 논하고 있는데, 그의 연구에 의하면, '삼한'은 시대에 따라 삼국 이전의 여러 소국(마한·진한·변진(변한))을 가리키는 경우도, '삼국(고구려·백제·신라)'을 가리키는 경우도, '우리나라' 전체를 가리키는 경우도 있다고 한다. 또한, 수·당 시대에 들어 한(韓)또는 삼한이 고구려나 고구려·백제·신라라고 하는 삼국을 가리키는 용례가 나오기 시작했다고 말한다. 확실히 7세기의 명문(銘文)9에는 이러한 예가 보인다.

①사지절 신구·우이·마한·웅진 등 14도 대총관, 좌무위대장군, 상계국, 형국공, 소정방 (중략) 일거에 9종(九種)을 평정하고 두 번 승전해서 삼한을 평정했다.

(당평제비 660년)

②막바로 평양성에 다다르니 (중략) 5부와 삼한이 모두 신첩(臣妾)이

8 노태돈, 「三韓에 대한 認識의 變遷」, 『한국사연구』38, 한국사연구회, 1982.
9 ①②③ 노태돈, 김은숙 외, 『역주 한국고대금석문 제 1권』, 한국고대사회연구소, 1992. pp.457~458, pp.463~466, pp.494~495, p.504, p.547, pp.550~551.
   ④ 노태돈, 김은숙 외, 『역주 한국고대금석문 제 2권』, 한국고대사회연구소, 1992. pp.144~145.

되었다. (중략) 천남생은 5부의 우두머리이자 삼한의 영걸(英傑)이다.

(천남성묘지명 679년)

③공의 이름은 륭이고, 자(字)도 륭으로 백제 진조인(辰朝人)이다. (중략)그 기세가 삼한을 압도했고, 그 이름이 양맥(兩貊, 고구려·백제)에 드날렸다.

(부여륭묘지명 682년)

④삼한을 통합하여 땅을 넓혔으며, 창해에 살면서 위협을 떨치시니.

(운천동사적비 686년)

①은 당(나당연합군)이 백제의 사비성을 함락시키고, 그 사적을 기록한 내용의 비문인데, 이 비문에서는 당의 장군인 소정방을 '마한'등 14도의 대총관으로 삼아, '삼한'을 평정했다고 말한다. ②는 고구려의 장군인 연개소문의 장남인 천남생(泉男生)의 묘지명인데, 여기서는 당이 고구려의 평양성을 침공하고, 오부 삼한을 신첩으로 했다고 말하며, 당에 지원을 요청한 천남생을 5부('오부'는 고구려의 계루부(桂婁部)등 고구려의 5부족을 가리킨다)의 수장, 삼한의 영걸로 기록하고 있다. ③은 백제의 마지막 왕인 의자왕의 아들, 부여륭(扶余隆)의 묘지명으로, 부여륭의 위용이 삼한을 제압하고, 그 이름이 양맥(兩貊)에 떨쳤다라고 한다. ④는 신라의 사적비로 고구려·백제 멸망 후에 신라에서 앙양된 삼국통일의식을 배경으로 만들어졌고, '삼한'에 '신라'가 포함되고 '삼한'=고구려, 백제, 신라의 '삼국'으로 간주되고 있다.

①②는 당이, ③④는 각각 백제·신라가 세운 비문인데, 이들 비문은 7세기 한반도에서 '삼한'이 '고구려·백제·신라'의 '삼국'을 가리키는 경우도 있다는 것을 보여 준다. 또한 상기의 '천남생묘지'가 고구려를 삼한 속에 포함하는 용례의 첫 예이므로, 현존하는 한국 사료에서는 신라통일(668年)이전에 고구려를 '한'으로 보는 기록은 없고, 통일 이후에 '삼국'='삼한'이 된 것으로 보인다.

연대를 거슬러 올라가면, 중국 『수서』(636년 성립)에 고구려 원정과 관련된 '삼한' 기사가 있다.

> 2세가 제위를 이어받고서는 우주를 포옹할 뜻으로 자주 삼한의 땅을 짓밟고 여러 차례 천균(千鈞)의 쇠뇌(弩)를 쏘아대니, 조그마한 나라(고구려를 가리킴)는 멸망할까 두려워한 나머지 궁지에 몰린 짐승처럼 하였고, 중단 없는 싸움에 천하가 어지러워져 드디어는 흙더미처럼 무너져, (양제) 자신도 나라도 망하였다. 「병지(兵志)」에 덕을 넓히는 데에 힘쓰는 자는 번창하고, 땅을 넓히는 데에 힘쓰는 자는 멸망한다는 말이 있다. (중략) 그러므로 사이(四夷)가 준 경계를 어찌 깊이 생각하지 않을 수 있겠는가!
>
> (『수서』권81 동이전)[10]

기사 전후를 함께 읽으면 전체 문맥은 기자(箕子)가 '조선'에 가고 나서 '요동의 여러 나라'가 교화되고, '만맥(蠻貊)'의 나라와도 통해 있

---

10 국사편찬위원회, 『중국정사조선전 역주2』, 국사편찬위원회, 1987. p.132, p.200 (『隋書 六』 中華書局, p.1828, 『和刻本正史 隋書』(二), p.861)

었는데, 2대(수양제, 재위604~618년)에 덕을 넓히지 못하고, 영역을 넓히려고 했기 때문에, 양제 스스로도 죽음에 이르고, 수도 멸망했다고 하는 내용이다. 즉, '고구려조'에 기록되어 있는 수와 고구려와의 전쟁을 말하고 있는 부분인데, 여기에서 '고구려'의 표기는 나타나지 않고, 있는 것은 '중하(中夏)'에 대한 '구이(九夷)' '기자조선' '요동제국' '만맥(蠻貊)' '사이(四夷)'뿐이다. 노태돈씨는 이 예와 『수서 6』권76 우작전[11]의 예를 들어 '삼한'이 '고구려'를 가리키고 있다고 말하는데, 왜국전의 말미에 첨부되어 있는 이 기사에도, 우작전에도 '고구려'는 일체 나타나 있지 않다. 한편 고구려조를 보면, '고구려'와 '수'와의 전쟁 기사는 있지만, 양제의 죽음도, '수'의 멸망 기사도 없다. 그렇다면, 일반적으로 고구려와의 전쟁으로 수가 멸망했다고 알려진 것과는 별도로, 『수서』의 저자는 수의 멸망에 대해 '고구려'를 배제하고, 은나라 사람인 기자조선과의 관련을 갖는 '삼한'만을 기록함으로써, 또한 그것을 '사이(四夷)'로 일괄지어 말함으로써 자신들의 멸망을 설명하려고 했다고 해석할 수 있다. 같은 사항이라도 쓰는 자의 편찬의식에 의해 서술이 변한다는 것이다. 이 『수서』의 예는 충분한 텍스트 분석 없이 역사적 사실을 묻는 것에 대한 위험을 재인식시켜주는 예이기도 할 것이다.

 '삼국'='삼한'이 되는 것은 노태돈 씨가 들고 있는 예 중에서 『구당서』(945년 성립)[12]의 '해동삼국'='삼한'의 예가 확실한 예일 것이다. 당

---

11 고구려 원정을 말하는 곳에 '삼한'이 보인다. 「維大業八年(中略)帝自東征, 言復二禹統一, 乃御二軒営一。六師薄伐, 三韓肅清, 襲二行天罰一, 赫赫明明」(『隋書 六』卷76, 虞綽傳 , 中華書局. pp.1739~1740, 『和刻本正史隋書』(二) p.817)
12 至如海東三國 開基白久 並列疆界 地実犬牙 近代以来 遂構嫌隙 戦争交起 略無寧歳 遂

고종이 백제에 보내는 국서의 일부인 이 기사의 전후에 고구려·백제·신라가 나오므로, 이 예를 '삼국'='삼한'을 동일시하는 예로 보아도 좋다고 생각된다.

『수서』의 예는 '고구려·백제·신라'를 '삼한'이라고 이름붙인 것이 아니고, '고구려'='삼한'이라고 말하고 있는 것도 아니다. 이것으로 신라 통일 이전에 수에서 사용되어진 '삼한'이 고대조선에 받아들여지고 확산되었다고 판단하는 것은 어렵다. 고구려·백제·신라를 '삼한'이라고 칭한 확실한 예는 신라 삼국 통일 이후라고 말하지 않을 수 없다. 또한, 현존하는 사료 중에서 고구려 스스로가 자신들을 '한'이라고 칭하는 예가 하나도 없다는 점, 출자를 말하는 곳에서도 고구려가 '한'에서 나왔다고 하는 예가 없다는 점에서 보면, 고구려를 '한'으로 여기는 것은 신라 삼국 통일과 함께 새로 나타난 개념이라고 추측할 수 있다.

이상, 중국 정사나 한국의 금석문을 보면서 사료에 따라, 시대에 따라 여러 다른 점이 있다는 것을 봐 왔다. 고구려의 남쪽을 '조선"예맥'으로 보는 예도 있고, 고구려(句驪)를 '맥'으로 보는 예도 있다. '한'이 '진국(辰國)'에서 왔다고 보는 예도 있고, 삼한을 '맥(貊)'으로 보는 예도 있다. 마한·진한·변진(변한)을 '삼한'으로 보는 예도 있고, 고구려·백제·신라를 '삼한'으로 보는 예도 있다. 또한, 고구려·백제·신라를

令三韓之氓 命懸刀俎 尋戈肆愼 朝夕相仍(中略)去歲王及高麗·新羅等使並来入朝, 朕命釈茲讐怨, 更敦款穆。
『중국정사조선전 역주2』, p.235, 『東アジア民族史2正史東夷伝』(『舊唐書』東夷伝), p.245

25

'삼한'으로 보는 예는, 적어도 한반도 내에서는 신라의 삼국통일 이후 만들어진 개념인 것도 확인했다.

하나의 텍스트에 무언가의 사항이 쓰여 있는 경우, 다른 텍스트에는 그렇지 않은 사항이 쓰여 있다. 이것들을 비교하여, '모순'이나 '잘못'으로 간주할 게 아니라, 거기에 그렇게 쓰여 있는 이유를 그 텍스트 속에서 밝혀내야 하지 않을까 생각한다. 텍스트 속에서 쉽사리 역사적 사실을 도출하기 이전에, 왜 거기에 그렇게 쓰여 있는지를 먼저 인식해야 한다는 것이다.

3. 일본 상대 문헌 속의 '한'

1) 『만엽집』에서의 '한'

먼저, 상대시대에 편찬된 『만엽집』에 나온 한반도 전래품을 살펴보면 다음과 같다. ([ ]안은 일본어 발음 표기, ( )안은 노래 번호 표기)

한 (韓[가라])		한자 표기	고려 (高麗[고마])[13]		백제 (百済[구다라])	신라 (新羅[시라기])
물건	한에서 전래된 선홍색 염료, 맨드라미	韓藍(384) 韓藍之花(1362) 辛藍花(2278) 鷄冠草花(2784)				
	한의 허리띠	韓帶(3791)				
		韓衣(952, 2194)	고려	高麗		

	한의 옷	辛衣(2619, 2682) 辛人之衣(569) 可良己呂武(4401) 可良許呂毛(3482)	비단	錦(2975, 3791) 狛錦(2090, 2356, 2405, 2406, 3791) 巨麻尓思吉(3465)			
	가라 구슬	可羅多麻(804)					
	가라 절구	辛臼(3886)	고려 검	高麗剣(2983) 狛剣(199)		신라 도끼	新羅斧(3878)
	가라 노	可良加治(3555)					
국 명	가라쿠니 (한국, 신라, 당나라)	한국:韓國(3885), 可良國(3688) 신라 포함한 한국:可良久尓(813, 3627, 3695) 당나라:韓國(4240, 4262)	고려 음악	高麗音楽(1594, 주)		신라(국)	新羅(3587) 新羅國(460, 461)
장 소	<후쿠오카시 소재> ·가라토마리 <사가현 소재>	가라토마리(可良等麻理)(3670):후쿠오카시(福岡市)소재 시가노가라사키		백제원 백제야 (나라현)	百済原(199) 百済野(1431) 나라현 가쓰라기		

	·시가노가라사키	(思賀乃辛碕(30) 四賀乃辛埼(152)志我能韓埼(3240)思我能韓埼(3241) 辛荷乃嶋(943))	·		군 소재
사람	가라히토	辛人(569) 한인(漢人)(4153 : 唐人(당인))	고려 아소 미후 쿠신	高麗朝臣福信(4264, 주)	

『만엽집』[14]에서의 한(韓)은 '가라'로 읽히는데, '가라'의 표기는 '한(韓)' '한(漢)' '당(唐)' '신(辛)' '가량(可良)' '가라(可羅)'로 쓰이고 있고, 신라(또는 신라를 포함한 한반도) 또는 당나라를 가리키고 있다.

이중 '가라아이(韓藍, 鷄冠草花 등)'로 표기되는 맨드라미는 가라(韓)에서 전래된 것으로, 맨드라미의 염료로 옷을 염색하는 기술도 한인에게 있었던 것으로 보인다(569). 당시 농노는 흑색, 농민은 황색밖에 입을 수 없는 상황에서[15] 맨드라미의 붉은 염료는 신분이 고귀한 자의 옷에 쓰이는 귀중한 재료였다. 이러한 점은 나무꾼 할아버지가 '가라오비(韓帶, 한의 허리끈)'와 '고려 비단' 옷을 입은 이야기를 하며 자신의 영화로운 과거를 노래하는 부분(3791)에서도 유추할 수 있다. 이후에도 '한'의 붉은 색은 '가라구레나이(韓紅)'라고 하여 『고금화가집(古今和

---

13 일본 상대문헌에서는 '고구려'를 '고려'로 칭하므로 텍스트 인용면에서 혼란이 생길 수 있어 여기에서는 '고구려'를 '고려'로 표기하기로 한다.

14 小島憲之, 木下正俊, 東野治之 校注, 『新編日本古典文学全集6~9 万葉集(1~4)』(4冊), 岩波書店, 1994~1996.

15 上田正昭 外, 『『古事記』『日本書紀』總覽』, 新人物往来社, 1990.

歌集)』(148, 294)[16]속에서 선홍빛 염료로 나타나고 있다. 또한 '한(韓)의 옷'은 붉은 색과 연관지어지거나(가라고로모(韓衣, 2194), 남자 연인에게 입히고 싶은 옷(2682), 길 떠날 때 입는 옷(4401), 편하게 걷기 위해 옷단에 가로로 난(襴)이 덧대어진 옷(2619, 3482)으로 표현되고 있다[17].

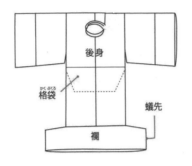

'한의 구슬'은 가장 아름다운 시절 소녀들의 손목에 찬 장신구(804)로 표현되고 있다. 또한 '한의 절구' 는 천황 음식을 준비하는데 사용되고 있다 (3886). '가라우스'라고 불리는 이 절구는 땅에 묻어 사용하는데 묻기 전 널빤지를 올리고 그 위에 절구공이를 두어 한쪽을 밟으면 다른 한쪽이 떨어져 곡식을 찧는 방식으로 사용되어졌다고 한다[18]. 또한 '한의 노'는 연인에게 가고픈 마음을 소리 높여 나아가는 노에

16 小沢正夫, 松田成穂, 『新編日本古典文学全集11 古今和歌集』, 岩波書店, 1994.
17 4401노래에서 길 떠날 때 입는 옷이라고 말하는 점, 2619, 3482 노래 모두 옷단의 좌우가 붙지 않도록 꿰매지 않는다고 노래하는 점에서 그림과 같은 난을 유추해 볼 수 있다.
18 『왜명류취초』에는 이 절구의 음을 '가라우스(賀良宇須)'라고 하며 밟아 찧는 도구라고 설명하고 있다. (中田祝夫編, 『倭名類聚抄』, 勉誠社, 1978)

비유한 노래에서 보인다(3555).

여기에서 '가라'가 모두 한반도의 '한(韓)'을 의미하는 것으로는 보이지 않는다. 예컨대 『만엽집』4240, 4262 노래에서는 '한(韓)'의 한자를 쓰면서도 주(注)에 견당사에게 주는 노래라고 되어 있어 텍스트 안에서 한(韓)과 당(唐)이 혼용되었을 가능성을 제시한다.

> 큰 배에 노를 많이 달아 놓고, 이 내 아이를 한국(당나라?)에 보냅니다. 지켜 주십시오. 신들이여.
>
> 大舶爾 真梶繁貫 此吾子乎 韓國辺遣 伊波敝神多智 (4240)
>
> (후지와라 황태후가 지은 한 수. 입당대사 후지와라아소미기요하라에게 하사)

> 한국(당나라?)에의 임무를 달성하고 돌아오겠지. 늠름한 그대에게 술을 바치네.
>
> 韓國爾 由伎多良 波之弓 可敝里許牟 麻須良多家乎爾 美伎多弓麻都流 (4262)
>
> (입당부사 고마로스쿠네 등에게 주는 송별의 노래)

다만 당인(唐人)인 경우 한인(漢人)이라고 표기된 예가 있고(4153), 상기 두 예를 제외하고는 한과 당이 혼용되지 않았다는 점, 가라(可良)는 신라를 가리키거나 천황의 먼 조정으로서의 '한'을 의미하는 등(3688) 가라가 확실히 신라 또는 한반도를 가리키는 용어로 쓰이고 있는 점으로 보아 적어도 상기 전래된 물품의 경우 '당'보다는 '한(韓)'에서 건너온 물품일 가능성이 더 높은 것으로 보인다.

한편 지명으로서의 '가라토마리(韓亭, 3670)'는 한인의 숙박처를 뜻하는 말로 후쿠시마 서쪽 노코 섬 선착장 일대를 말한다. '시가노가라사키'는 지금의 사가현 오오쓰 시 시모사카모토 지역을 말하는데 이곳이 '한'과 관련이 있는지는 확실치 않다. 다만 『일본서기』(수인천황3년 3월조)에 신라왕자 아메노히보코가 사가현 지역에 머물렀고 이곳에 만들어진 거울 마을의 도공들이 아메노히보코의 종자들이었다는 기록이 남아 있으므로 한인들이 표착한 곳으로 '가라'의 어구를 포함한 이름이 붙여졌을 수도 있다고 생각된다.

요컨대 『만엽집』에서는 염료, 허리띠, 옷, 구슬, 절구, 노 등 가라에서 온 전래품이 귀하고 가치 있는 것으로 간주되고 있고, '가라토마리'나 '시가노가라사키'라는 지명은 한인들의 숙박, 정착, 표착으로 인해 지어진 이름일 가능성이 있으며, '가라'는 천황의 오래된 조정(3688)이자 정벌지역(813, 3627)으로 표현되고 있다고 볼 수 있겠다.

2) 『만엽집』『일본서기』의 삼국

『만엽집』에서의 '한'은 상기 표에서 볼 수 있듯이 '당'을 가리키기도 '신라'를 가리키기도 하는데, 『일본서기』에서의 '한'은 고구려, 백제, 신라의 삼국 모두를 포함한 개념으로 기록되고 있다. 그럼, 상기 『만엽집』의 기록을 중심으로 『일본서기』의 예도 함께 살펴보도록 하자. 먼저 『만엽집』의 고려 기록은 고려비단, 고려음악, 고려검의 예가 보인다. 고려비단(고마니시키)은 두 가지 색 이상의 실로 무늬를 만든 것으로, 검을 넣는 자루나 끈을 만드는데 쓰였는데, 『만엽집』에서는 모두 남녀 동침을 그리는 장면에서 이 '고려비단으로 만든 끈'의 이야기가 전개되고 있다. 고려 비단도 위에서 말한 나무꾼 할아버지의 노래에서 보이듯이 고려 허리띠처럼 아름답고 귀한 품목으로 간주되고 있다.

고려 음악은 당나라 음악과 함께 불전에서 연주되는데 거문고 켜는 사람 두 명, 노래를 부르는 사람 십여 명이 있었다고 기록되고 있다 (1594). 또한 『일본서기』(덴무천황 12년 1월조)에도 하늘의 상서로운 징조를 축하하며 고려악, 백제악, 신라악의 삼국 가무가 궁전 뜰에서 벌어졌다고 하니, 당시 일본에서는 삼국의 음악이 모두 전래되어 궁중 음악으로서 자리 잡아 있었던 것으로 보인다. 또한 율령 아악료(雅樂寮)를 보면 고려, 백제, 신라 삼국의 악사가 각각 4명, 악생이 각 20명이 있는데, 악생을 가르치는 악사는 횡적사(橫笛師, 관악기) 한 명, 공후사(箜篌師, 현악기) 한 명, 무사(儛師, 춤을 가르치는 사람) 한 명, 막목사(莫目師, 목관악기의 일종, 현존하지 않음) 한 명[19]으로 구성되었다고 한다. 이후 헤이안 시대에 들어서는 좌방의 당악(唐樂)에 대해 고려악 백제악 신라악이 합쳐져서 고려악으로 재편되었다는 것으로 보아[20] 당시 고려 음악이 삼국의 대표적 음악으로 자리 잡아 있었던 게 아닐까 추측된다.

한편, 고려검(고마쓰루기)이 나온 것은 『만엽집』에서 두 예뿐이지만 가키모토노히토마로의 다케치 황자 만가(挽歌, 사람의 죽음을 슬퍼하는 노래. 다케치 황자는 덴무 천황의 아들)인 아래 노래에서는 지금까지 살펴보았

---

19 井上光貞, 関晃, 青木和夫 校注, 『日本思想大系3 律令』, 岩波書店, 1976.
20 青木和夫, 稲岡耕二 外 校注, 『新日本古典文学大系 続日本紀2』, 岩波書店, 1990.

던 한반도 전래품과는 다른 이미지가 보인다.

　…불파산을 넘어 (고려검狛劍)와자미가하라 행궁에 강림하셨다. 천
하를 평정하고 이 나라를 안정시키고자 (닭이 우는) 아즈마국의 군졸
을 소집했다. (중략) 백제원(구다라노하라)에 왕래하며 신으로 제사받
고 기노에 궁을 영원의 궁전으로서 높이 세우고 스스로 신이 되어
진좌했다. (199)

　상기 인용은 덴무(天武) 천황의 강림→평정→건국(궁전 조영)이야기로
이어지면서 덴무 천황을 신격화하고 있는 부분이다. 여기서 고려검은
지명 와자미의 마쿠라고토바(枕詞, 특정한 말에 붙는 수식어)로 사용되어지
고 있는데, 『신편 일본고전문학전집 일본서기』[21]에서는 고려에서 전래
된 검(劍)의 손잡이 끝에 둥근 고리(輪, 일본어 발음 '와')가 있어서 '와자
미가하라(和射見我原)'의 '와'에 연결된다고 주를 달고 있다. 발음상의
마쿠라고토바로서도, 또한 뒤이은 천하평정의 어구와도 연계되는 말
이라고 할 수 있겠다.
　고려검은 강인함과 정벌의 상징으로서, 백제원은 천황의 제사와 관
계되는 곳으로서 불리고 있다는 것인데 이러한 고려 백제에 대한 일
본의 시선 차이는 다음의 인용에서도 알 수 있다.

　고려의 사신에게 말하길 "명신어우일본천황이 말씀하시길, 천황

---

21 小島憲之, 直木孝次郎, 西宮一民 外 校注, 『新編日本古典文学全集2~4日本書紀(1~3)』,
　(3冊), 小學館, 1994~1998.

의 사신과 고려 신의 아들의 사신과의 교류는 역사는 짧지만 장래 오랫동안 계속될 것이다."(중략) 또한, 백제의 사신에게 말하길, 명신어우일본천황이 말씀하시길, 처음 우리 먼 조상 때 백제국을 내관가(內官家)로 했을 당시를 비유하자면 세 줄로 꼰 밧줄처럼 강고한 관계였다.

(『일본서기』 고토쿠 다이카(孝德大化)원년 7월)

(백제 성명왕이 말하길) 예로부터 신라는 무도하다. 약속을 어기고 신의를 깨고 탁순을 멸망시켰다. (중략) 북적(北敵)은 강하고 우리나라는 미약하다. 만일 남한에 군령과 성주를 두어 수리하고 방어하지 않으면 이 강적(强敵)을 막을 수 없다. 또한 신라를 누를 수도 없다. 그러므로 이들을 두어 신라를 공격하여 임나를 보존하려는 것이다.

(『일본서기』 긴메이(欽明) 5년 11월)

(천황이 말하길)일본부와 안라가 이웃의 어려움을 구하지 않은 것은 짐도 또한 괴롭다. (중략) 임나와 함께 전에 명한대로 힘을 합쳐 북적을 막고 각각 봉토를 지켜라.

(『일본서기』 긴메이(欽明) 9년 4월)

고려는 『일본서기』에서 신의 자손이라 불리고 있으며, 백제·임나·일본의 동맹에 반하는 강적(强敵, 긴메이 2년 7월, 9년 4월), 북적(北敵, 긴메이 5년 11월)으로 기술된다. 『수서』 등 중국 한적의 경우에도 '고려'와 '왜'가 강대국으로서 대치되는 상황이 기록된다. 또한 한적에서의 고려는 백제나 왜보다 상급의 장군호를 수여받고(『송서』), 수의 멸망을 이끌 만큼 강대국으로 기록되고 있다. 이렇게 강국으로서의 고려의 모습은 분명히 『일본서기』안에서도 다른 한반도내의 국가들과 차별화되어 나타나고 있다고 볼 수 있겠다.

한편, 백제원과 제사와의 관계는 다음의 『일본서기』기사를 상기시킨다.

> 소가경이 말하길, "옛날 웅략 천황 때 당신 나라(백제)가 고려에게 핍박을 받아 위험하기가 계란을 쌓아 놓은 것보다 더했습니다. 이때 천황이 신관에게 명하여 천신지기로부터 삼가 계책을 받도록 했습니다. 신관이 곧 신탁을 받아 '건국의 신을 모셔가서 멸망하려는 군주를 구하면 반드시 국가는 안정되고 백성은 편안해질 것이다.'라고 보고했습니다. 그리하여 신을 모셔가서 구원해 사직이 편안해졌습니다. 무릇 나라를 세운 신은 하늘과 땅이 나뉘고 풀과 나무가 말을 할 때 하늘에서 내려와 나라를 세웠습니다. 근래 당신 나라에서는 제사를 지내지 않는다고 들었습니다. 지금이라도 이전의 잘못을 뉘우치고 신궁을 수리해 신령을 받들어 제사지내면 나라가 크게 번영할 것입니다."
>
> (『일본서기』 긴메이(欽明) 16년 2월)

이는 백제 왕자 혜가 신라와 백제 전투에서 백제 성명왕이 전사한 것에 관해 말하자, 소가 씨가 왕자에게 웅략 천황 때 고려의 압박에서 백제가 벗어난 것은 백제가 '건국의 신'을 제사지냈기 때문이라 하며, 긴메이 대에도 건국의 신을 모셔가 그 제사를 하도록 권유하는 장면이다. 이 건국의 신에 대한 설명에 '천지가 나뉠 때 초목이 말을 할 때 하늘에서 내려와 국가를 만든 신'이라고 기록하고 있는데, 이는 일본 신대 1단, 9단에서 나오는 일본신의 탄생 부분과 유사하여 일본과 백제의 조상신이 같은 신일 가능성을 추측하게 한다. 고려 멸망시에 일본이 어떤 관여도 하지 않았던 것에 반해, 백제 멸망 시 일본이 나당 연합군에 대항해 백제와 함께 백촌강의 전투를 벌이고 많은 백제 유민들을 일본에 데리고 온 것도 이와 무관하지 않을 것이다.

그런데 여기서 왜 『만엽집』에 고려검, 신라도끼처럼 백제를 접두어로 두는 물품이 보이지 않을까 하는 의문이 생긴다. 이는『일본서기』의 기록으로 보아 백제의 물품이 전래되지 않았다는 것을 의미하는 것이 아니라 백제가 한반도 남부 국가들 가운데 '한'을 대표하는 국가로서 자리매김해 있던 것을 말해주는 게 아닐까 추측된다. 『고사기』(오진)의 백제 연못 축조 기사가 『일본서기』(오진 7년 9월)에서는 '한인 연못'으로 바뀌어 있는 것도 그러한 연유에서일 것이다. 다음의 기록도 이를 뒷받침해 준다.

> 소가대신 이나메노스쿠네 등을 야마토국 고시군에 보내 **한인**대 신협둔창(韓人大身狹屯倉) 말하길 한인(韓人)이란 백제이다' **고려인**소 신협둔창(高麗人小身狹屯倉)을 두었다.
>
> (『일본서기』 긴메이 17년 10월)

그럼 신라에 대해 살펴보자. 우선 어떤 사람이 신라 도끼를 물에 빠트리고 흐느껴 우는 상황에 대한 노래(3878)와, 천황의 덕에 감화되어 귀화한 신라 비구니에 대한 기록(461. 遠感王德歸化聖朝)이 보인다.

신라 도끼가 어떤 것이었는지 알 수는 없으나 이를 잃고 운다는 것으로 보아 한의 물품처럼 귀한 것임을 추측할 수 있다. 다만 상기에서 본 것처럼 『일본서기』의 신라에 대한 평가는 좋지 않다. 일본에 대해 복종하면서도 임나, 백제를 멸망시키는 신뢰할 수 없는 나라로 기록된다. 고려와는 달리 임나부흥회의에도 백제와 함께 참여하지만 하늘을 거역한다는 의미의 '무도'한 나라로 묘사되며, 조공하지 않아 끊임없이 정벌당하는 국가로 그려진다. 『고사기』(712년)에서 신공황후가 신라 왕자 히보코의 자손으로 기록되는데 반해 『일본서기』(720년)가 그러한 기록을 싣지 않는 이유도 이러한 신라에 대한 부정적 서술태도가 작용하고 있기 때문일 것이다.

한편 귀화인에 대한 선구적 연구는 세키아키라에 의해 이루어졌는데 그는 『신찬성씨록』을 인용, 귀화인 계통이라고 칭하는 성은 324개로 전체 성씨 1059개 중 거의 30%를 차지하고 있다고 말하고 있다[22]. 『일본서기』에서도 『만엽집』의 예와 마찬가지로 천황의 덕을 따라 이주해 온 삼국(고려, 백제, 신라) 귀화인들[23]의 기록을 싣고 있는데, 이러한 귀화인들은 국군(國郡) 안치와, 호적 편제, 물자 공급이 이루어지는 대신에 과역을 부여받았다. 귀화인의 기록은 5세기 후반에서 7세기 후반에 집중되는데, 이는 한반도 삼국의 혼란스러운 정세와 신라통일이라는 시대적 상황과 맞물려 많은 망명자가 있었기 때문이라 추측된

---

22 関晃, 『日本歷史新書 帰化人』, 至文堂, 1966.
23 고대 문헌에서는 각각의 세계관에 따라 도래와 귀화를 구분해서 사용하고 있는데, 근년에는 '귀화'가 갖는 정치적 이념에서 벗어나기 위해 '귀화인' 대신 '도래인'이라는 명칭을 쓰고 있다.

다. 이러한 도래인, 귀화인들에 의해 선진기술과 문화가 일본에 전해졌고 이들이 일본 고대국가 형성에 끼친 영향은 매우 컸으리라 짐작된다.

4. 맺음말

본고에서는 상대 문헌, 그중에서도 한적, 금석문, 율령, 『만엽집』『일본서기』의 기록을 바탕으로 '한'의 양상을 살펴보았다. 이들 텍스트도 『고사기』『일본서기』 연구와 같이, 각각의 텍스트 전체의 논리 속에서 '한'을 파악해야 하겠지만, 여기서는 그에 이르지 못하고, 단지 상대의 '한'의 모습이 일괄지어 설명할 수 있는 것이 아니라는 점, '삼한'을 고려·백제·신라로 간주하는 것은 신라 통일 후 만들어진 개념이라는 점을 밝혔다. 율령에서 보이는 '한'은 '고려''백제''신라''당'과는 구분되어, 구체적인 도래품의 이름 앞에 붙여지는 예가 보였고, 『만엽집』의 '한'은 '당(唐)'이나 신라를 가리키고 있었다. 또한 『일본서기』에서의 '한'은 '당(唐)'과 구분되어 '고려·백제·신라·임나'를 총칭하고 있었다.

한편, 『만엽집』(3791)에 한의 허리띠(가라오비)와 고려비단(고마니시키)이 대비되어 있는 것처럼 한과 고려를 구분 짓는 기록들은 산재한다. 광개토대왕비문에는 한인을 약취해 와 수묘인으로 삼았다고 하여 한인과 자신들이 다르다는 것을 기록한다. 또한, 『일본서기』 긴메이 17년 10월조에는 '한인(백제)·고려인'이 대비되어 있고, 사신을 맞이하는 곳으로서 '고려관' '삼한관(三韓館)[24]'은 있어도 '백제관' '신라관' '임나관'

이라는 명칭은 없다. 인명에도 '고려' '한'은 이름 앞에 접두어로 붙어 있는 경우가 있지만, '백제' '신라' '임나'가 접두어로 붙어 있는 예는 없는 것으로 보인다. 한과 고려의 구분의식뿐 아니라, 고려, 백제, 신라에 대한 시선도 동일하지 않다. 『일본서기』에서의 고려의 시조는 신의 자식으로 기록되고, '북적(북쪽의 적)''강적'과 같이 두려움의 대상으로 묘사된다. 신라는 자신의 필요에 따라 고구려에 붙었다가 일본에 붙었다가 하는 '소귀(작은 도깨비)'로 기록되고, 백제는 '한'의 대표격으로 일본과 같은 조상신을 모시는 동맹국의 관계로 묘사된다.

한편, 『만엽집』에 보이는 한반도에서의 전래품에는 '한'의 염료(맨드라미), 끈, 옷, 구슬, 절구, 노, '고려 비단' '고려 검''신라 도끼'가 있었으며 이들은 매우 귀한 물품으로 여겨졌다[25]. 이밖에도 『일본서기』에는 양잠, 직조 기술을 전한 궁월군(유즈키노기미), 논어와 천자문을 전한 왕인(와니), 유교경전을 전한 오경박사, 종이와 붓, 그림도구 등을 전한 고구려의 담징 등의 기록이 있는데, 이들 도래인과 귀화인들은 양잠, 직조, 제철, 도공, 토목, 건축, 의약, 종교, 학문 등 다방면에 걸친 선진기술과 지식을 일본에 전했고 그 중에서도 백제를 통해 전해진 불

---

24 다음 논문에서 『일본서기』의 기존 삼한설=삼국(고구려, 백제, 신라)을 비판하고 삼한=백제, 신라, 임나임을 밝히고 있다. (김정희, 「『古事記』『日本書紀』における「韓」」, 『비교일본학』제 26집, 한양대학교, 2012)

25 지면상 다루지는 않았지만 『고사기』의 경우 백제로부터 받은 물품으로서 말(수컷, 암컷 한 필씩), 큰 칼, 큰 거울의 기록이 있었고, 제방 축조 기술, 양잠 기술, 직조 기술, 대장장이 기술도 백제를 통해 전래되었다고 기록된다. 신라로부터는 배 81척의 공물을 받았다고 하며(인교 천황), 아메노히보코가 이즈시의 8대신(구슬 두 꾸러미, 파도를 부르는 주술 천, 파도를 가르는 주술 천, 바람을 부르는 주술 천, 바람을 가르는 주술 천, 오키쓰 거울, 헤쓰 거울)을 가져왔다고 한다(오진 천황)

교는 일본의 아스카 하쿠호 문화를 꽃피우는데 큰 역할을 했다고 전해진다. 고대 한인들의 일본으로의 인적, 물적 소통은 현재의 한류에 못지않은 다양성과 가치를 지니고 있었던 것이다.

본고의 1장은 다음 논문의 일부를 번역, 수정하였다. (김정희, 「『古事記』『日本書紀』における「韓」」, 『비교일본학』제 26집, 한양대학교, 2012)

참고문헌

단행본

국사편찬위원회, 『중국정사조선전 역주1』, 국사편찬위원회, 1987.

⎯⎯⎯⎯⎯⎯⎯, 『중국정사조선전 역주2』, 국사편찬위원회, 1987.

노태돈, 김은숙 외, 『역주 한국고대금석문 제 1권』, 한국고대사회연구소, 1992.

⎯⎯⎯⎯⎯⎯⎯⎯⎯, 『역주 한국고대금석문 제 2권』, 한국고대사회연구소, 1992.

青木和夫, 稲岡耕二 外 校注, 『新日本古典文学大系 続日本紀2』, 岩波書店, 1990.

井上光貞, 関晃 外 校注, 『日本思想大系3 律令』, 岩波書店, 1976.

上田正昭 外, 『『古事記』『日本書紀』総覧』, 新人物往来社, 1990.

宇野精一, 平岡武夫編, 『全釈漢文大系山海経・列仙伝』, 集英社, 1975.

王健群, 『好太王碑の研究』, 雄渾社, 1984.

小沢正夫, 松田成穂 校注, 『新編日本古典文学全集11 古今和歌集』, 小學館, 1994.

논문

김정희, 「『古事記』『日本書紀』における「韓」」, 『비교일본학 제 26집』, 한양대학교, 2012.

노태돈, 「三韓에 대한 認識의 變遷」, 『한국사연구38』, 한국사연구회, 1982.

飯田勇, 「『古事記』の神話的世界をめぐって」, 『古事記研究大系 4』, 高科書店, 1993.

神野志隆光, 「神話―記紀神話をめぐって」, 『國文学いま＜古代＞を見る』제32권2호, 学燈社, 1987.

神野志隆光・米谷匡史, 「古代神話のポリフォニー」, 『現代思想』, 青土社, 1992.

小島憲之, 直木孝次郎 外 校注, 『新編日本古典文学全集2~4日本書紀(1~3)』(3冊), 小學館, 1994~1998.

小島憲之, 木下正俊, 東野治之 校注, 『新編日本古典文学全集6~9 万葉集(1~4)』(4冊), 小學館, 1994~1996.

坂本太郎, 家永三郎 外 校注, 『日本古典文学大系67 日本書紀 上』, 岩波書店, 1967.

_____, 『日本古典文学大系68 日本書紀 下』, 岩波書店, 1965.

関晃, 『日本歴史新書 帰化人』, 至文堂, 1966.

中田祝夫編, 『倭名類聚抄』, 勉誠社, 1978.

山口佳紀, 神野志隆光 校注, 『新編日本古典文学全集1 古事記』, 小学館, 1997.

한류와 일본의 신(神)

일본 고전문예에 나타난
하치만 신(八幡神)을
중심으로

한정미(韓正美)

1. 머리말

2020년에 개봉된 아카데미상 수상작품인 영화 "기생충(パラサ
イト 半地下の家族)"은 흥행수입 45억 엔을 거두며 일본에서 공개된 한
국영화 기록을 갱신했다. 같은 해에는 넷플릭스에서 "사랑의 불시착"
과 "이태원 클라쓰"가 히트하며 2020년 유행어 대상(大賞)에 '제4차 한
류 붐'이 노미네이트되었다[1]. 이렇게 일본 내의 한류, 즉 한국이 일본
의 동경(憧憬)의 대상이 된 것은 일본의 '고대국가 성립기'와 에도시대
(江戸時代;1600-1868)의 '조선통신사'를 거슬러 올라갈 수 있을 것이다[2].

일본 문화청 문화부 종무과(文化庁文化部宗務課)에서는 매년 종교통계
조사를 실시하는데, 이는 통계법(2007년 5월 23일 법률제53호)에 의거하여
종교단체의 협력을 얻어 매년 12월 31일에 내는 통계다. 2020년 12월
31일 시점의 통계에 따르면, 일본 전국의 종교단체(종교법인 포함)에서
신사(神社)의 총수는 84,463사이며[3] 이중에서 전국적으로 44,000개의
숫자를 자랑하는 신사가 하치만구(八幡宮, 야하타노미야)로 오이타 현(大分
県) 우사진구(宇佐神宮)가 총본사(総本社)이다.

중세(1185-1573)에는 '신(神)'이라면 하치만'이라고 하여 하치만은 신의
대명사가 될 정도로 일본 민족에게 매우 친숙한 신이었는데, 이 하치

1　フリー百科事典,「韓流」,『ウィキペディア(Wikipedia)』,
　　https://ja.wikipedia.org/wiki/%E9%9F%93%E6%B5%81(検索日：2021.02.19.).
2　김후련,「이문화(異文化) 관리─일본문화(日本文化) 탐구: 일본의 한류─역사적 의의
　　와 전망」,『국제지역정보』141권, 한국외국어대학교 국제지역연구센터, 2005.
3　文化庁文化部宗務課,『宗教年鑑 令和2年版』,
　　https://www.bunka.go.jp/tokei_hakusho_shuppan/hakusho_nenjihokokusho/shu-
　　kyo_nenkan/index.html(検索日:2021.02.19.).

만 신이 한반도에서 건너온 신이라는 것을 아는 일본인은 전문가를 제외하고는 거의 전무하다. 이 하치만 신의 기원 및 신격(神格)에 관해서는 일본학계에서 지금까지 수많은 논의가 이루어져 왔는데, 공통점은 하치만 신과 한반도와의 깊은 연관성이다. 특히 신라계 하타 씨(秦氏)와의 연관성이 두드러지게 나타나는데, 하타 씨는 5세기 이전에 신라나 가야에서 건너간 귀족적인 '도래(渡来)'집단으로 일본의 문화, 종교, 기술 등에 폭넓게 깊은 영향을 끼쳤다. 즉 '고대국가 성립기'에 있어서 한류의 영향력이라고 할 수 있는 것이다. 이에 본고에서는 하타 씨가 가져간 하치만 신의 기원을 살펴보고 하치만 신이 일본 고전문예 속에 어떻게 나타나 있는가에 대하여 주목해보고자 한다.

2. 하타 씨와 하치만 신의 기원

하치만 신은 오진 천황(応神天皇, 혼다와케노미코토(誉田別命))의 신령(神霊)으로 571년에 처음으로 우사 지역에 시현(示顕)했다고 전해진다. 하치만 신사에는 오진 천황을 지주신으로 하여 히메가미(比売神), 오진 천황의 어머니인 진구 황후(神功皇后)를 합해 하치만 3신(八幡三神)으로 모셔져 있다. 그런데 이 하치만 신앙에는 '도래'집단 하타 씨가 깊이 관여되어 있다.

하타 씨는 일본고대사상 최대의 규모를 자랑하는 '도래'계 씨족으로 『니혼쇼키(日本書紀)』 긴메이 천황(欽明天皇) 조항에 의하면 당시 7,053호나 되는 하타비토(秦人)가 존재했다고 하며, 『쇼소인문서(正倉院文書)』 및 각 지역에서 출토된 목간본과 칠지(漆紙)문서 등을 보면 하타베(秦

部), 하타히토(秦人) 등을 포함하여 수많은 하타 씨 집단이 일본열도 내에 거주했음을 알 수 있다[5]. 그들의 거주지는 간토(関東)에서 규슈(九州)에 걸쳐 32개국 81군에 이르는 광역적인 분포를 보여준다.

이 하치만 신의 기원에 대해서는 대체로 다음 일곱 가지 정도로 요약될 수 있다.[6]

(1) 불교신으로 보는 입장. 하치만 신은 예부터 믿어온 일본 고유의 신이 아니라 한반도에서 전래된 불교신이라는 것이다(田村圓澄, 小野玄妙, 松本栄一, 家永三郎, 村山修一, 西田長男, 山折哲雄 등)

(2) 모자신(母子神)으로 보는 입장(柳田國男, 宮地直一, 中野幡能 등)

(3) 복합체계로서의 제3의 신으로 보는 입장. 예컨대 하치만 신은 지주신(宇佐比賣神)을 제사하는 우사 씨(宇佐氏), 불교와 함께 도래한 가라시마 씨(辛嶋氏), 그리고 야마토(大和) 조정에서 보내온 오미와 씨(大神氏) 등 세 씨족의 신이 융합한 결과로 생겨난 복합적인 신이라는 것이다(中野幡能, 西郷信綱, 西田長男, 山折哲雄 등).

(4) 광업신(鍛冶神)으로 보는 입장. 부젠국(豊前国, 후쿠오카 현 동부 및 오이타 현 북부)에는 한반도에서 온 도래인이 많이 살았기 때문에 한단야(韓鍛冶) 기술이 일찍이 뿌리내렸다. 그것이 도다이지(東大

---

4 小島憲之 · 直木孝次郎 · 西宮一民 · 蔵中進 · 毛利正守 校注 · 訳, 『日本書紀』③, 新編日本古典文学全集4, 小学館, 1998.

5 東京大学史料編纂所, 「秦氏」, 『正倉院文書マルチ支援データベース』, http://wwwap.hi.u-tokyo.ac.jp/ships/shipscontroller(検索日 : 2021.02.19.).

6 이광래, 『일본사상사연구』, 경인문화사, 2005.

寺) 대불(大仏)주조와 연결되면서 우사(宇佐)지방이 하치만 신 신앙의 중심지가 되었다는 것이다(柳田國男, 土田杏村, 村山修一, 佐志傳 등)

(5) 도래인 하타 씨의 씨족신으로 보는 입장. 하치만 신은 가라쿠니(辛国=韓国) 신에 대한 신앙을 가진 한반도에서 온 하타 씨 지배하의 가라시마 씨(辛嶋氏)가 있었는데, 신라계 여성 샤먼(=玉依神)을 중심으로 형성된 신이라는 것이다(牛田康夫, 中野幡能, 田村圓澄, 金達壽, 大和岩雄) 등).

(6) 한반도의 문화적 영향 하에서 중층적으로 생겨난 신으로 보는 입장(田中勝蔵, 西郷信綱 등)

(7) 전화(轉化)된 일본고유의 신도 신으로 보는 입장(宮地直一, 小山田与清, 栗田寬 등)

이처럼 하치만 신의 기원에 대해서 매우 다양한 견해가 제시되고 있어서 한 가지 입장으로 정리되지는 않으나, 공통적으로 하치만 신과 한반도와의 연관성을 부정할 수 없다.

우사진구(宇佐神宮), 오이타 현(大分県) 우사 시(宇佐市) 소재

　　하치만 신앙의 기원을 나타내는 가장 오래된 문헌은 『우사 하치만 구 미륵사 건립연기(宇佐八幡宮弥勒寺建立縁起)』인데, 여기에는 하치만 신이 '우사군 가라쿠니 우즈 다카시마(宇佐郡辛国宇豆高島)'에 천손강림했다[7] 고 기록되어 있다. 여기에서 '가라쿠니'란 고대 한반도에서 '도래'한 사람들의 거주지를 말한다. 또한 하치만 신앙의 고전승을 집대성한 『하치만우사궁어탁선집(八幡宇佐宮御託宣集)』에는 '가라쿠니의 마을에 비로소 여덟 갈래의 깃발로 천손강림하여 나는 일본의 신이 되었다[8]'고 하여

---

7 神道大系編纂会 編, 『宇佐』, 神道大系神社編47, 神道大系編纂会, 1989.
8 古代学協会 編, 『八幡宇佐宮託宣集』上巻, 史料拾遺第1巻, 臨川書店, 1967.

하치만 신이 외래의 신임을 전하고 있다. 이 가라쿠니의 마을에는 가라쿠니 신에 대한 신앙을 가진 한반도에서 온 하타 씨의 지배하에 있던 가라시마 씨가 있었는데, 하치만 신은 그들의 신라계 여성 샤먼인 다마요리히메(玉依神)를 중심으로 형성된 신으로도 알려져 있다.

그리고 『부젠국 후도키(豊前国風土記)』에는 '신라국의 신이 스스로 건너와서 이 가와라(香春)에 살았다. 이름하여 가와라노카미라고 한다[9]'고 기록되어 있어서 다가와 군(田川郡)의 강변에 신라국의 신이 강림한 것을 알 수 있다. 가와라노카미는 가와라 신사의 신으로, 이 신사가 위치한 가와라다케(香春岳)에는 하타 씨계 씨족인 아카소메 씨(赤染氏)의 구리 광산이 있었다. 본래 가와라는 우사와 더불어 한반도에서 온 신라인의 집단 거주지였으며 가라시마 씨, 아카소메 씨 등 신라계 하타 씨족의 높은 문화와 기술(채굴, 제련, 주조, 토목)에 의지하여 쇼무(聖武) 천황이 도다이지 대불건립을 결심하게 된 것으로 알려져 있다. 더욱이 702년 『쇼소인문서』에 수록된 부젠국의 호적장부에 하타베(秦部)나 스구리 씨(勝氏) 등을 포함하는 하타 씨 집단이 93%를 차지하며, 중국의 『수서(隨書)』에도 이 일대가 '하타 왕국(秦王国)'이라고 기록되어 있는 점[10]에서 이 지역은 하타 씨들이 밀집하여 거주하였음을 확인할 수 있다.

즉, 위의 문헌에서 알 수 있는 것은 다가와 군의 강변, 즉 부젠국에 강림한 신라의 신을 모시는 '도래'계의 하타 씨 집단이 하치만 신

---

9 植垣節也 校注 · 訳, 『風土記』, 新編日本古典文学全集5, 小学館, 1997.
10 長澤規矩也 編, 『隋書』, 和刻本正史, 汲古書院, 2014.

을 모셨다는 점이다. 문제는 '여덟 갈래의 깃발'로 모신 장소인데, '여 덟 갈래의 깃발'에 대해서는 깃발을 팔방으로 세워 수행(修行)을 하는 불교적인 것과 군진(軍陣)을 갖출 때에 선두에 네 개의 창과 후방에 여덟 깃발을 사용하는 도교적인 것이라고 알려져 있다. 또한 불교와 도교의 융합이 진행된 신라의 종교가 8이라는 숫자를 중요시한 점에 서 제사를 지내는 광장에 여덟 갈래의 깃발을 세워 무당이 신의 강림 을 구하는 장면을 상정한 것에서 신라 신을 '야하타(여덟 깃발)' 신으로 인식하게 되었다고 일컬어진다[11].

그렇다면 이러한 하치만 신은 일본 고전문예 안에서 어떻게 묘사되 어 있는 것일까?

3. 일본 고대문예에 나타난 하치만 신

1) 『이와시미즈 천좌연기(石清水遷座縁記)』-국가 진호의 신

하타 씨에 의해서 부젠국 우사에 모셔진 하치만 신은 중앙 으로 진출하여 이와시미즈 하치만구(石清水八幡宮)로 건립된다. 이와시 미즈 하치만구는 이세진구(伊勢神宮)와 가모신사(賀茂神社)와 함께 3사 (三社)로 일컬어질 정도로 조정으로부터 숭경이 돈독하였는데, 이와시 미즈 하치만구는 승려 교쿄(行教)에 의해 859년 우사하치만(宇佐八幡)으 로부터 권청(勸請)하여 창건된 후 역대 조정의 숭경의 대상이었으며,

11 中野幡能, 「八幡神の発生」, 『八幡信仰』, 民衆宗教史叢書第2巻, 雄山閣, 1983.

가마쿠라 시대(鎌倉時代, 1185-1333) 이래 미나모토 씨(源氏)의 조상신으로서, 또한 전쟁의 신으로서 무사들의 숭경도 깊었다. 오진 천황과 동일시된 제신(祭神) 하치만구는 '하치만 대보살(八幡大菩薩)'이 되어 황통의 수호신으로서 이세진구와 더불어 '제2의 종묘신' 또는 '제2의 황대신(皇大神)'으로 불리게 될 뿐만 아니라 심지어 황조신(皇祖神) 아마테라스와 동격으로 간주되기까지 한다.

이와시미즈 하치만구는 『이와시미즈 천좌연기(石淸水遷座緣記)』를 보면, 죠간(貞觀) 원년(859) 4월 15일에 다이안지(大安寺)의 주지 교쿄가 우사 하치만에 참배하여 7월에는 도읍 근처로 옮겨야 한다고 하는 탁선을 내리는 신으로, 여기에서 하치만 대보살은 '도읍 근처로 옮겨 국가를 진호할 것[12]'을 명령하고 있어서 창건 당초부터 국가적 공적인 신격을 가지고 있었음을 엿볼 수 있다.

---

12 村田正志 校注, 『石淸水』, 神道大系神社編7, 神道大系編纂会, 1988.

이와시미즈 하치만구(石淸水八幡宮), 교토 부(京都府) 야와타 시(八幡市) 소재

그리고 대보살의 탁선을 받은 교쿄는 즉시 상경하여 오토코야마(男山) 봉우리에 진좌한 하치만 대신(大神)을 모시게 되는데, 이때에 오토코야마의 산꼭대기에는 달과 별의 빛과 같은 것이 휘황찬란하게 비추었다고 한다. 교쿄의 엔기에는 하치만 대보살에게서 야마시로국(山城国, 현재 교토 부의 중·남부) 동남방 산정의 이와시미즈 오토코야마 봉우리에 하치만 3신의 신령을 옮길 것이 기록되어 있으며[13], 다음 날 새벽에 산꼭내기에 참배하여 3일간 기도하고 바로 궁정 귀족에게 아뢴 것을 알 수 있다. 주의할 것은 하치만 대보살 스스로 왕성진호를 위

---

13 村田正志 校注, 上揭書.

하여 도읍 근처로 옮길 것을 밝히고 있고 신전 조영에 있어서 모쿠료(木工寮)라고 하는 국가 공적기관이 관여하고 있는 등[14] 공적 성격이 강하다고 하는 점이다.

그 배경으로서는 세이와(淸和) 천황(850-881, 몬토쿠 천황(文德天皇)의 제4황자)의 외조부인 후지와라노 요시후사(藤原良房, 804-872)가 고레타카(惟喬) 친왕(親王, 844-897, 몬토쿠 천황의 제1황자)을 제치고 외손에 해당되는 9살인 고레히토(惟仁) 친왕, 즉 세이와 천황을 황위에 앉힘과 동시에 황위계승을 인증하기 위하여 도읍 근처에 우사의 신령을 모심으로써 이후 천황옹호의 신, 왕성진호의 신으로 자리매김하게 된 것[15]을 생각할 수 있다. 또한 이와 같이 창사(創祀) 당초부터 세이와 천황의 수호신적인 성격이 농후했기 때문에 죠간 3년(861, 『삼대실록(三代実録)』죠간 3년 5월 15일 조항[16])에는 이와시미즈 하치만구가 진좌후 불과 2년이 안되어 경기(京畿) 명신(名神) 7사(七社)의 하나로 선정되어 기우봉폐(祈雨奉幣)에 관여하고 있는 것을 알 수 있다. 이것이 이와시미즈 하치만구의 일본사에 있어서의 초견인데, 『삼대실록』죠간 7년(865) 4월 17일 조항에는 신궁(新宮)을 만들어서 방패와 창 및 각종 신재(神財)를 봉납하고 있어서 세이와 천황과 외척 후지와라노 요시후사의 옹호를 반영한 것을 엿볼 수 있다.

이러한 국가 진호의 신으로서의 이와시미즈 하치만구가 일본 중세

---

14 黒板勝美 編, 『朝野群載』第16』, 新訂増補国史大系第29巻上, 吉川弘文館, 1999.
15 岡田荘司, 「石清水放生会の公祭化」, 『平安時代の国家と祭祀』, 続群書類従完成会, 1994.
16 黒板勝美 編, 『日本三代実録』, 新訂増補国史大系第4巻, 吉川弘文館, 新装版第二刷, 2005.

문예에는 어떻게 묘사되어 있는 것일까? 이에 『이와시미즈 모노가타리』에 나타난 이와시미즈 하치만구를 살펴봄으로써 『이와시미즈 모노가타리』에 있어서 이와시미즈 하치만 신앙의 의의와 기능에 초점을 맞춰보기로 한다.

4. 일본 중세문예에 나타난 하치만 신
—『이와시미즈 모노가타리』를 중심으로

1) 이요노카미(伊予守)의 이와시미즈 하치만 신앙

　　『이와시미즈 모노가타리』는 13세기 말 성립으로 추정되는 작자 불명의 모노가타리인데, 이 작품에는 주인공 이요노카미가 입궐까지 단 한 번만이라도 야하타의 히메기미(八幡の姫君)와의 밀회를 소원하여 이와시미즈 하치만구에 7일간 머물며 기도하는 장면이 나온다.

　도고쿠(東国) 전쟁에서 귀환한 이요노카미는 야하타의 히미기미에 대한 생각을 끊을 수 없어서 이와시미즈에 7일간 머물며 기도를 하는데, 그 모습은 '평소 아침 저녁으로 의뢰하는 야하타[17]'라는 표현에서 알 수 있듯이 이요노카미의 이와시미즈 하치만구에 대한 신뢰가 여기에서 시작된 것이 아니라는 점에서 그 두터운 신앙을 엿볼 수 있다. 그러나 이제까지의 이요노카미의 하치만 신앙은 '무문(武門)의 길잡이'로서였는데, 그 기도의 응답으로 앞 전쟁에서 무사히 살아남은 것도

---

17 市古貞次・三角洋一 編, 『鎌倉時代物語集成』第二巻別巻, 笠間書院, 1989. 이하 인용은 이에 의함.

'오직 하치만 삼소(三所)의 자비' 때문으로 이요노카미는 파악하고 있다. 하치만 삼소는 하치만구의 주제신인 혼다와케노미코토(譽田別尊, 応神天皇)·히메노카미(比売神, 玉依姫)·오키나가타라시히메(息長足姫, 神功皇后)의 세 기둥을 말하는데, 이요노카미는 그 영험을 자각하고 있었기 때문에 히메기미에게 다가가고 싶다고 하는 또 다른 소원도 하치만이 들어줄 것을 믿고 '오직 간절히 기원합니다. 하치만 대보살님, 부디 히메기미와의 만남을 이끌어 주소서'하고 기원하고 있는 것이다. 특히 이 노래는 『이와시미즈 모노가타리』의 작품명의 유래로 알려져 있는데, 이렇게 간절히 밤새 기도한 보람이 있어서인가 이요노카미는 꿈에서 하치만구로부터 탁선을 받는다.

이와시미즈 하치만구의 응답은 '꿈처럼 덧없이 맺어보고자 하는 인연 때문에 오랫동안 육도(六道)의 어둠에 빠져 사랑에 몸을 힘들게 해도 좋은가'라며 이요노카미와 히메기미와의 밀회를 암시하는 노래로 이루어져 있는데, 이후의 모노가타리 전개에 있어서 이요노카미의 히메기미에 대한 생각은 수차례의 밀회에 의하여 구체화된다. 그러한 의미에서 이 노래는 『이와시미즈 모노가타리』의 대주제를 짊어진 중요한 노래[18]이며 히메기미와의 밀회에 있어서 이와시미즈 하치만구의 역할이 얼마나 큰지 알 수 있다.

이요노카미의 하치만구에 대한 신앙은 나카쓰카사노미야(中務宮)와 결혼해버린 야하타의 히메기미에 대한 그리움으로 인해 이요노카미가 이와시미즈로 참배하는 장면에서도 엿볼 수 있는데, 여기에서 이요노

---

18 大園岳雄, 「『石清水物語』と夢」, 『古代中世国文学』第19号, 広島平安文学研究会, 2003.

카미는 히메기미에 대한 연정을 끊을 수 있도록 기도한다. 그러나 히메기미에 대한 생각은 더해지는 것뿐이어서 '신도 들어주시지 않는 기도라서인가?'라고 말하며 『이세 모노가타리(伊勢物語)』제65단의 '사랑을 하지 않으려고 신사 근처에 있는 강에 가서 부정(不淨)을 씻었는데, 내 기도를 신은 들어주시지 않으셨구려[19]'를 바탕으로 토로하고 있다.

이요노카미가 이와시미즈로 마지막으로 참배하는 것은 모노가타리의 종언 부근이다. 히메기미가 천황의 부인이 된 것을 듣고 히메기미와의 인연도 여기까지라고 생각하여 출가하게 되는데, 우선 이와시미즈에 참배하여 하치만 신에게 작별 인사를 고한다. 이와 같이 '무문의 길잡이'였던 이요노카미의 이와시미즈 하치만구에 대한 신앙은 히메기미에 대한 연애 성취에 관여하는 존재로 인식되면서 다음 모노가타리 전개를 이끄는 것을 알 수 있다.

2) 이와시미즈 하치만구의 역할

(1) 이요노카미와 야하타의 히메기미의 밀회

이와시마즈 하치만구의 신탁(神託)을 받은 후 이요노카미는 아마기미(尼君)의 병문안으로 친정 나들이를 하고 있는 히메기미를 엿본다. 이때도 '하치만 대보살'에게 마음속으로 기원하는데, 이윽고 밤이 되자 히메기미의 친소에 들어가 하룻밤 인언을 맺게 된다. 그리고

19　片桐洋一・福井貞助・高橋正治・清水好子 校注・訳, 『伊勢物語』, 新編日本古典文学全集12, 小学館, 1994.

이요노카미는 히메기미에 대한 접근을 가능하게 한 것이 이와시미즈 하치만구의 인도함이라고 확신하며 이와시미즈 하치만구의 신탁 때의 노래를 상기한다. 즉 이요노카미는 히메기미와의 밀회가 이와시미즈 하치만구에 대한 기도의 응답이라고 파악하면서 그렇게 될 '인연'이었다고 생각하는 것이다. 여기에서 이요노카미에게 있어서 밀회 그 자체는 전세로부터의 '피할 수 없는 인연'에 의한 것이며 그것을 꿈으로 알려준 것이야말로 이와시미즈 하치만구의 탁선으로 파악하고 있는 것을 엿볼 수 있다. 다시 말해, 이와시미즈 하치만구의 신탁은 이요노카미와 히메기미의 '인연'을 이요노카미에게 알리는 기능으로 묘사되고 있는 것이다. 이와 같이 모노가타리는 이요노카미의 연애 성취가 이와시미즈 하치만구의 영험에 의하여 이루어지는 것처럼 이야기하기 시작하면서 실제로는 이요노카미와 히메기미라고 하는 두 사람의 숙명을 알리는 것으로 신탁을 묘사하고 있음을 알 수 있다.

(2) 야하타의 히메기미의 입궐 저지

히메기미의 입궐이 아주 가까워졌을 때에 아버지 관백(関白)의 베갯머리에 옥의 관을 쓰고 칼을 허리에 찬 백발의 할아버지가 나타나 이미 다른 남자와 내통하고 있는 히메기미는 입궐 자격이 없음을 알린다[20]. 이 할아버지는 다름 아닌 '하치만 대보살의 사자(使者)'였

---

20 미스미 요이치(三角洋一) 씨는 「딸을 입궐 혹은 동궁(春宮) 입궐을 시키는 경우에 딸은 처녀가 아니면 안되었다」고 서술하며 비연둔세담(悲恋遁世談)이라는 화형(話型)과 관련된 문제의 하나로 여주인공의 처녀성을 둘러싼 문제를 거론하고 있다 (「王朝物語の行方」, 『国文学 解釈と教材の研究』第36巻第10号, 学燈社, 1991).

다. 그리고 관백은 자신의 아들인 아키노 다이나곤(秋の大納言)과 히메기미와의 관계를 의심하여 결국 히메기미의 입궐 중지를 결단하게 된다. 주목할 것은 이와 같이 이와시미즈 하치만구의 신탁에 의하여 히메기미의 입궐 저지로 이어진다고 하는 구도[21]가 『사고로모 모노가타리(狹衣物語)』에서 호리카와 오토도(堀川大殿)의 베갯머리에 가모신(賀茂神)이 나타나 겐지노미야(源氏の宮)의 입궐이 중지되는 장면과 매우 흡사하다고 하는 것이다[22].

『사고로모 모노가타리』에서는 호리카와 관백이 겐지노미야를 사이인(斎院, 가모신사(賀茂神社)에 봉사한 미혼의 황녀 또는 여왕)으로 하라는 가모신의 신탁을 받고 겐지노미야의 입궐이 중지되지만, 『이와시미즈 모노가타리』에서는 입궐 중지가 결국 야하타의 히메기미와 나카쓰사노미야의 결혼 허가로 이어지게 되는데, 이 입궐 중지는 이요노카미에게 있어서는 히메기미와의 밀회의 가능성 제공[23]으로 작용해 실제로 이요노카미와 히메기미의 마지막 밀회를 이끌게 되는 것이다. 또한 문제가 될 히메기미의 입궐 전 이요노카미와의 밀통이 이와시미즈 하

---

21 입궐 중지의 예로는 『스미요시 모노가타리(住吉物語)』상권에서 히메기미의 입궐을 저지하고자 계모가 심술쟁이 여성과 짜고 신분이 낮은 법사(法師)가 서쪽 별채에서 나오는 것을 츄나곤(中納言)에게 보이는 장면을 들 수 있다.

22 자세한 내용은 졸고 「物語文學における賀茂信仰の変貌—『落窪物語』『うつほ物語』『狹衣物語』を中心に—」(『日本学報』第89輯, 韓国日本学会)를 참조 바란다.

23 이노모토 마유미(井真弓) 씨는 「만일 히메기마가 입궐했더라면 밀회의 기회가 완전히 사라져 히메기미와 이요노카미의 관계가 소멸되어 버릴 뿐만 아니라 이요노카미의 사랑의 집념도 해소되지 않아 그 때문에 왕생(往生)이나 출가(出家)가 방해되었을 것이다. 그러나 입궐 중지가 되면 밀회를 가질 가능성이 생기는 것이다」라고 주장한다(「『石清水物語』における男主人公の心理と物語の論理」, 『詞林』第30号, 大阪大学古代中世文学研究会, 2011).

치만구의 신탁에 의하여 나카쓰카사노미야와의 결혼을 거침으로써 천황은 자신과의 만남 전에 히메기미가 나카쓰카사노미야와의 밀회를 가진 것만을 인정하여 이요노카미와의 밀통이 문제시되지 않게 된다[24]. 이와시미즈 하치만구의 영험은 히메기미와의 밀회를 실현시켰다고 하는 면에서는 이요노카미에게 작용했다고 할 수 있으나 실질적으로는 히메기미의 행운에 작용했다고 생각할 수 있는 것이다.

5. 맺음말

종래 일본학계 및 서구학계에서는 일반적으로 신도(神道)는 '일본 독자적으로 발전된 종교이며 신사는 일본인의 생활에서 자연발생적으로 성립한 종교시설'이라고 생각되어져 왔다. 신사에 대한 이와 같은 일반 정의는 "신도=일본 고유의 민족종교"라는 신도정의와 표리 일체를 이루며, "신도신앙의 구체적인 표현이 곧 신사"라고 이해되어져 왔다. 그러나 근래 고대 신사사 및 건축사 연구에 의해 신사의 자연발생설은 오류로 판명되었다. 이는 하치만 신이 5세기경에 한반도에서 '도래'한 하타 씨를 비롯한 도래인들에 의해서 모셔진 신이라는 점에서도 분명하다. 또한 하타 씨가 하치만 신만이 아니라 마쓰오대사(松尾大社), 후시미 이나리대사(伏見稲荷大社), 가모신사 등 오늘날 일

---

24 이러한 의미에서 하치만구의 신탁은 「비극을 회피시키는 탁선」(前掲注20)이라고 할 수 있으며 『사고로모 모노가타리』권4에서 사고로모의 출가를 좌절시키는 가모 신의 신탁과 같은 기능을 하고 있음을 알 수 있다.

본을 대표하는 유명 신사들과 깊은 관련이 있다는 점에서도 충분한 근거가 될 것이다.

이렇게 하타 씨에 의해서 부젠국 우사에 모셔진 하치만 신은 중앙으로 진출하여 이와시미즈 하치만구로 건립되어지는데, 그 엔기에서 다이안지의 주지인 교쿄가 우사 하치만으로 참배했을 때에 하치만 대보살 스스로 왕성진호를 위하여 도읍 근처로 옮길 것을 밝히고 있어서 창건 당초부터 국가를 진호하는 신격을 가지고 있음을 알 수 있다. 이는 고레히토 친왕의 외척인 후지와라노 요시후사가 어린 황자를 천황의 자리에 앉힘과 동시에 황위계승을 인증하기 위하여 도읍 근처에 우사의 신령을 모심으로써 이후 천황옹호의 신, 왕성진호의 신으로 자리매김하게 된 것이 그 배경이 된다.

『이와시미즈 모노가타리』에서 하치만 신은 주인공 이요노카미와 아버지 관백의 꿈에 나타나 탁선을 내리는 신으로 등장한다. 우선 '무문의 길잡이'였던 이요노카미의 이와시미즈 하치만구 신앙은 히메기미에 대한 연애 성취에 관여하는 존재로 인식되어가며 다음 모노가타리 전개를 이끈다. 그리고 이와시미즈 하치만구는 이요노카미와 야하타의 히메기미의 밀회와 히메기미의 입궐 저지라고 하는 양 측면에서 그 역할을 하는데, 이와시미즈 하치만구의 영험은 히메기미와의 밀회를 실현시켰다고 하는 면에서는 이요노마키에게 작용되었다고 할 수 있으나 실질적으로는 히메기미의 행운에 작용했다고 할 수 있다.

이와 같이 하타 씨가 가져온 하치만 신은 비단 일본 고대국가 성립기에만 영향을 미친 것이 아니라, 『이와시미즈 모노가타리』의 작품명이 주인공 이요노카미의 인생을 인도한 이와시미즈 하치만구에게 기도한 노래에 기원하고 있다는 점만으로도 그 영향력을 짐작할 수 있다. 이는 '신이라면 하치만'이라고 일컬었던 중세의 한 단면을 보여주는 것임과 동시에 그 유래가 한반도에서 건너온 신이라는 점에서 한류의 또 다른 표상이라고 할 수 있을 것이다.

본고는 졸고 「変貌する石清水八幡宮の様相—石清水八幡宮の縁起と『石清水物語』との比較を中心に—」(『日本学報』第96輯, 韓国日本学会, 2013)를 대폭 가필·수정한 것이다.

참고문헌

단행본

이광래, 『일본사상사연구』, 경인문화사, 2005.

市古貞次・三角洋一 編, 『鎌倉時代物語集成』第二巻 別巻, 笠間書院, 1989.

植垣節也 校注・訳, 『風土記』, 新編日本古典文学全集5, 小学館, 1997.

片桐洋一・福井貞助・高橋正治・清水好子 校注・訳, 『伊勢物語』, 日本古典文学全集12, 小学館, 1994.

黒板勝美 編, 『日本三代実録』, 新訂増補国史大系第4巻, 吉川弘文館, 新装版第二刷, 2005.

_____ 編, 『朝野群載』, 新訂増補国史大系第29巻上, 吉川弘文館, 1999.

国民図書株式会社 編, 『岩清水物語』, 校註日本文学大系第5巻, 国民図書株式会社, 1927.

小島憲之・直木孝次郎・西宮一民・蔵中進・毛利正守 校注・訳, 『日本書紀』③, 新編日本古典文学全集4, 小学館, 1998.

古代学協会 編, 『八幡宇佐宮託宣集』上巻, 史料拾遺第1巻, 臨川書店, 1967.

後藤祥子・小町谷照彦 校注・訳, 『狭衣物語』①②, 新編日本古典文学全集29・30, 小学館, 2001.

神道大系編纂会 編, 『宇佐』, 神道大系神社編47, 神道大系編纂会, 1989.

関根慶子・三谷栄一 校注, 『狭衣物語』, 日本古典文学大系79, 岩波書店, 1987.

高橋啓三 編, 『縁起・託宣・告文』, 石清水八幡宮史料叢書2, 石清水八幡宮社務所, 1976.

長澤規矩也 編, 『隋書』, 和刻本正史, 汲古書院, 2014.

村田正志 校注, 『石清水』, 神道大系神社編7, 神道大系編纂会, 1988.

井上滿郎, 『古代の日本と渡来人』, 明石書店, 1995.

大島建彦・薗田稔・圭室文雄・山本節 編，『日本の神仏の辞典』，大修館書店，2001.

[財]古代学協会・古代学研究所 編，『平安時代史事典』，角川書店，1994.

中野幡能，『八幡信仰史の研究』，吉川弘文館，1957.

中村幸彦・岡見正雄・阪倉篤義 編，『角川古語大辞典』，角川書店，1999.

宮地直一，『八幡宮の研究』，理想社，1956.

山上伊豆母，『日本藝能の起源』新装版，大和書店，1989.

大和岩雄，『神社と古代王権祭祀』，白水社，1989.

논문

김후련，「이문화(異文化) 관리─일본문화(日本文化) 탐구 : 일본의 한류─역사적 의의
　　　　와 전망」，『국제지역정보』141권，한국외국어대학교 국제지역연구센터，2005.

井真弓，「『石清水物語』における男主人公の心理と物語の論理」，『詞林』第30号，大阪大学
　　　古代中世文学研究会，2001.

大園岳雄，「『石清水物語』と夢」，『古代中世国文学』第19号，広島平安文学研究会，2003.

岡陽子，「『石清水物語』の構想─『無名草子』を起点として」，『古代中世国文学』第19号，広
　　　島平安文学研究会，2003.

岡田荘司，「石清水放生会の公祭化」，『平安時代の国家と祭祀』，続群書類従完成会，1994.

坂本広太郎，「社寺務得分権より見たる石清水と宇佐・筥崎・香椎・宇美宮との関係」，『神
　　　社協会雑誌』第12巻第9号，神社協会，1913，後に『神宮文庫所蔵本神社協会雑誌』
　　　第12冊，国書刊行会，1984所収.

新城敏男，「石清水八幡宮の縁起」，『悠久』第3号，桜楓社，1980.

筑紫豊，「八幡大菩薩筥崎宮創建考」，『神道史研究』第4巻第6号，神道史学会，1956.

中野幡能，「八幡神の発生」，『八幡信仰』，民衆宗教史叢書第2巻，雄山閣，1983.

西田長男，「石清水八幡宮の剏立」，『神道史研究』第5巻第2号，神道史学会，1957.

韓正美，「玉鬘物語と八幡信仰について」，『超域文化科学紀要』第11号，東京大学大学院，2006.

＿＿＿，「物語文学における賀茂信仰の変貌─『落窪物語』『うつほ物語』『狭衣物語』を中
　　　心に─」，『日本学報』第89輯，韓国日本学会，2011.

＿＿＿，「変貌する石清水八幡宮の様相─石清水八幡宮の縁起と『石清水物語』との比較を中
　　　心に─」，『日本学報』第96輯，韓国日本学会，2013.

広渡正利, 「平安期における筥崎宮—八幡大菩薩筥崎宮創建考—」(田村圓澄先生古稀記念会
　　　編, 『東アジアと日本　宗教・文学編』) 吉川弘文館, 1987.
三角洋一, 「王朝物語の行方」, 『国文学　解釈と教材の研究』第36巻第10号, 学燈社, 1991.
村田正志, 「石清水八幡宮創建に関する二縁起の流伝」, 『坂本太郎博士頌寿記念日本史学論
　　　集』上, 吉川弘文館, 1983.

자료

東京大学史料編纂所, 「秦氏」, 『正倉院文書マルチ支援データベース』,
　　　http://wwwap.hi.u-tokyo.ac.jp/ships/shipscontroller(検索日：2021.02.19.).
フリー百科事典, 「韓流」, 『ウィキペディア(Wikipedia)』,
　　　https://ja.wikipedia.org/wiki/%E9%9F%93%E6%B5%81(検索日：2021.02.19.).
文化庁文化部宗務課, 『宗教年鑑　令和2年版』, https://www.bunka.go.jp/tokei_hakush
　　　o_shuppan/hakusho_nenjihokokusho/shukyo_nenkan/index.html(検索日:
　　　2021.02.19.).

일본 상대문학에 나타난 술 문화

―

한반도와의 관련을
중심으로

이부용(李芙鏞)

1. 머리말

지상에서 천국의 느낌을 향유하게 해주는 음료라고 하면 단연 술을 들 수 있을 것이다. 술은 긴장을 완화시켜 대화를 활발하게 하고, 서먹한 사이의 사람들을 친해지게 하고, 술자리에서의 만남에 웃음을 준다. 여러 명이 모인 술자리에서 술이 주는 기분 좋은 취함과 술잔에 술을 주고받는 일은 사람들 간의 화합에 도움이 되기도 한다. 이렇게 적당히 마시는 술은 사람들에게 일상의 고단함을 잊게 해주고 활력소로 작용한다.

2010년대부터 일본 및 동남아시아에서는 막걸리가 크게 유행하여 주목을 받고 있다. 우리 주변에서 쉽게 마시던 막걸리가 이국에서 인기 있는 특별한 음식이 되리라고는 예상하지 못했기에 많은 놀라움이 있었다. 이제는 현지인들의 입맛을 사로잡기 위해 알코올 도수부터 병이나 라벨 디자인, 단맛과 구수한 맛의 조화 정도에 이르기까지 다변화 전략을 세워서 막걸리를 수출할 정도에 이르렀다.

그런데 고대 일본에서 술은 언제부터 존재했을까. 그리고 그 술은 일본에서 어떤 문화를 만들어 나갔을까.

2. 일본 상대의 술

일본 고대의 술 문화를 엿볼 수 있는 옛 문헌으로는 『고지키(古事記)』를 들 수 있다. 이 책의 중권 주아이(仲哀) 천황편에는 오진(応神) 천황의 어머니인 진구(神功) 황후가 아들이 태어나자 술을 바쳤다는 내용이 보인다. 『고지키』에서 진구 황후는 신라 정벌 이야기가 그려져 있는 인물인데 이는 역사적 사실이라기보다는 여러 의미를 담은 전설상의 이야기로 해석되고 있다. 여기서는 술이라는 테마에 주목해서 진구 황후와 대신이 주고받은 노래 '주락가(酒樂歌)'를 살펴보자.

이윽고 태자가 서울로 돌아왔을 때 모후인 오키나가타라시히메가 태자를 축복하여 술을 빚어 바쳤다. 그때 모후가 노래를 다음과 같이 불렀다.

이 술은 내가 만든 술이 아닙니다.
이 술은 술을 관장하며 도코요(常世)에 계시고
석신(石神)으로 계시는 스쿠나미카미(須久那美迦微)가
축복하여 춤을 추고
춤을 추고 돌며 만들어
바친 술입니다.
남김없이 드세요!
자! 어서.

이렇듯 노래를 부르며 태자에게 술을 바쳤다. 그러자 다케우치노스쿠네가 태자를 대신하여 노래로서 답하였다.

이 술을 빚은 사람은
그 북을 절구처럼 세우고
노래를 부르며 빚은 탓인지
춤추며 빚은 탓인지

이 술은 정말
무어라 말할 수 없이
매우 맛이 좋아
즐겁습니다. 그려.

이 노래들을 주락가(酒樂歌)라고 한다.[1]

일본문학에서 주고받는 노래는 증답가(贈答歌)라고 부르는데 여기서는 모친의 노래에 대한 답가를 어린 아들인 태자를 대신하여 다케우치노스쿠네(建內宿禰)가 대신하여 답가를 읊었다. 이 이야기에서 술을 도코요, 즉 이계(異界) 또는 황천에 있는 석신 스쿠나미카미가 만들었다는 것은 태자에게 부여된 신성성을 상징적으로 나타낸다. 아이의 탄생을 둘러싼 기쁨과 술이 주는 즐거움을 통해 '주락가'라는 이름이 붙어있다.

고대인들에게 술에 취한 상태는 정신적인 고양을 느끼게 해주고 이러한 것은 초월적 존재와 연결되는 느낌을 주었을 것이다. 일본 헤이안(平安) 시대에는 의식이나 의례에는 술이 빠지지 않고 등장했다. 한국의 유교제례를 비롯한 여러 나라의 종교의례에서 술을 마시는 일을

---

1 노성환 역주, 『고사기』, 민속원, 2009, pp.219~220. 번역문 인용시 고유명사의 표기는 국립국어원 외래어표기법에 따라 수정하였다. ; 山口桂紀·神野志隆光 校注·訳, 『古事記』, 新編日本古典文学全集, 小学館, 1997, p.255. 인용된 노래의 원문의 훈독문은 다음과 같다. 「この御酒は 我が御酒ならず 酒の司 常世に坐す 石立たす 少御神の 神寿き 寿き狂し 豊寿き 寿き廻し 奉り来し御酒ぞ 止さず飲せ ささ」,「この御酒を 醸みけむ人は その鼓 臼に立てて 歌ひつつ 醸みけれかも 舞ひつつ 醸みけれかも この御酒の 御酒の あやに甚楽し ささ」

음복(飲福)이라 하여 공동체의 화합을 다지는 계기로 삼았다. 이것은 술이 새로운 차원의 정신적 경험을 가능하게 해주고 술에 취한 도취 상태가 신성한 세계로의 연결로 인식된 것과도 관계가 있을 것이다.

3. 일본으로의 누룩 전래

　　『고지키』에서 진구 황후의 아들인 오진 천황 때에는 백제의 문물이 일본으로 전래된 이야기가 나온다. 백제에서 일본으로 건너간 사람들에 대한 언급 중에서 왕인박사의 『논어』와 『천자문』전래에 관한 기사에 이어서 백제사람 스스코리가 술을 빚어 올렸다는 기사가 나온다. 유학서와 한문, 그리고 술 빚는 법이 한류로 고대 일본으로 전해진 것이다.

　　그리고 하타노미야쓰코(秦造)의 선조와 아야노아타히(漢直)의 선
　　조 및 술을 만들 줄 아는 니호(仁番) - 그의 다른 이름은 스스코리
　　(須須許理) - 가 건너왔다. 그런데 이 스스코리는 술을 만들어 천황
　　에게 바쳤다. 이에 천황은 바친 술에 취해 노래를 불렀다.

　　　스스코리가 빚은 술에
　　　나는 완전히 취했다.
　　　재앙을 물리치는 술.
　　　웃음을 자아내게 하는 술에
　　　나는 완전히 취했네.

그리고는 바깥으로 나갔다. 그때 지팡이로 오사카의 길 한가운
데 있는 큰 돌을 쳤다. 그러자 그 돌이 황급히 지팡이를 피했다.
그로 인하여 속담에, '딱딱한 돌도 술 취한 사람은 피한다.'고 하
는 말이 생겨났다.[2]

스스코리가 담가 올린 술은 '재앙을 물리치는 술(事無酒)', '웃음을
자아내게 하는 술(笑酒)'이라고 찬미된다. 술에 취해 술을 예찬하는 노
래를 부르는 천황의 모습에서 그가 다스리는 일본이 평안하고 충족한
상태가 되었음을 상징적으로 읽어낼 수 있다. 술이 주는 기분이 좋아
지는 상태와 마음을 넉넉하게 해주는 효과를 고대인들도 느꼈던 것
같다.

이 에피소드의 마지막 부분에서 술 취한 사람을 보면 길가의 돌도
스스로 비켜난다는 속담이 인용되어 있는 것이 재미있다. 술의 일본
어 발음은 '사케(さけ)'인데 '비키다'라는 뜻을 가진 동사 '사케루(さけ
る)'가 동음이의어 효과를 주는 속담이다.

4. 입으로 빚는 술

스스코리의 술 빚는 법 전래 이전에도 일본에 술이 전혀 없
었던 것은 아닐 것이다. 앞에서 살펴보았듯이 『고지키』 주아이 천황

---

2 위의 책, 『고사기』, pp.232~233; 위의 책, 『古事記』, p.269. 인용된 노래의 원문의 훈
　독문은 다음과 같다. 「須々許理が　醸みし御酒に　我酔ひにけり　事無酒　笑酒に　我
　酔ひにけり」

편에 진구 황후가 태자를 축복하는 술을 바쳤다는 내용이 보이기 때문이다. 다만 스스코리가 빚은 술에 대한 언급이 『고지키』에서 하나의 사건으로 특별하게 언급되고 있는 것은 그가 전한 것은 술 그 자체라기보다 술을 빚는 새로운 방법, 즉 '누룩'을 사용하는 방법이었을 가능성이 크다.

그렇다면 그 이전에 일본사람들은 어떻게 술을 만들었을까. 신카이 마코토(新海誠) 감독의 애니메이션 《너의 이름은(君の名は。)》(2016)에는 신사 집안의 주인공으로 마을 축제에서 미코(巫女)로 무대에 오른 주인공 미쓰하(三葉)와 요쓰하(四葉)자매가 구치가미자케(口嚙み酒)를 만드는 장면이 있다. 구치가미자케는 입에 쌀이나 고구마, 감자 등 곡물을 넣고 씹으면 침 속의 아밀라아제가 효소 역할로 곡물을 분해해서 술을 만드는 원리를 이용해서 만드는 술이다. 이 만화에서 구치가미자케는 신에게 바치는 정성가득한 음료로서 또한 주인공들의 위기를 살리는 생명수로 중요한 역할을 한다.

『지봉유설(芝峯類說)』제19권 식물부(食物部)에 의하면 입으로 곡물을 씹어 침으로 빚는 술은 한국에서 미인주(美人酒)라고 부른다. 『한국민속대백과사전』에는 일례로 제주도의 오메기술을 들고 있다. 오메기술은 큰굿에서 무당이 술떡을 입 안에 넣고 씹어서 항아리에 담아 자연발효시켜 만든다. 항아리 속에서 발효된 오메기술은 맑은 술이 위에 뜨고 찌꺼기가 아래로 가라앉으면서 위층과 아래층으로 나뉘어 암갈색의 청주와 흐린 탁주가 만들어진다.

『조선왕조실록』1479년(성종10년) 6월 10일 기사에는 제주도 사람 김비의(金非衣) 등이 오키나와에서 구치가미자케를 마신 일에 관한 기사가 보인다. 1477년 김비의 일행은 조난하여 유구국(琉球國), 즉 현재의 오키나와(沖繩)에 표류하게 되었다. 일행들은 그 지역의 구치가미자케를 마신 일을 다음과 같이 보고하고 있다.

> 술은 탁주(濁酒)는 있으나 청주(淸酒)는 없는데, 쌀을 물에 불려서 여자로 하여금 씹게 하여 죽같이 만들어 나무통에서 빚으며, 누룩을 사용하지 아니하였습니다. 많이 마신 연후에야 조금 취하고, 술잔을 바가지를 사용하며, 무릇 마실 때에는 사람이 한 개의 바가지를 가지고 마시기도 하고 그치기도 하는데, 양(量)에 따라 마시며 수작(酬酢)의 예가 없고, 마실 수 있는 자에게는 더 첨가합니다. 그 술은 매우 담담하며, 빚은 뒤 3, 4일이면 익고 오래되면 쉬어서 쓰지 못하며, 나물 한가지로 안주를 하는데, 혹 마른 물고기를 쓰기도 하고, 혹은 신선한 물고기를 잘게 끊어서 회(膾)를 만들고 마늘과 나물을 더하기도 합니다.[3]

김비의 일행은 오키나와 지역에서 구치가미자케를 체험하고 이것을 일본의 특이한 술 문화로 소개하고 있다. 물에 불린 쌀을 씹어 술을 만드는데 이를 담당하는 사람은 오키나와에서도 여성이었음을 알 수 있다. 그 여성이 만든 술을 김비의 일행들도 맛보았다고 하니 아마이 여성은 보통 사람이 아니라 그곳의 미코(巫女)와 같은 역할을 맡은

---

3 번역문은 국사편찬위원회 한국사데이터베이스에서 인용함. 원문은 다음과 같다. "酒有濁而無淸,〔漬〕米於水, 使女嚼而爲糜, 釀之於木桶, 不用麴蘗。多飮然後微醉, 酌用瓢子, 凡飮時, 人持一瓢, 或飮或止, 隨量而飮, 無酬酢之禮, 能飮者, 又添爵焉。其酒甚淡, 釀後三四日便熟, 久則酸不用, 餚一肴, 用乾魚, 或聶切鮮魚爲膾, 加蒜菜焉。"

이였을 것이다. 이 술은 나무통에 넣어 만들고 누룩을 사용하지 않는다고 전한다. 또한 술맛은 담담하지만 오래되면 쉬어서 쓰기 어렵다고 했다.

구치가미자케를 만드는 데에는 사람의 노동을 필요로 하는데 술이 만들어진 후 보존법이 발달하지 않았던 예전에는 술의 신선함이 오래 지속되지 않기도 했던 것 같다. 『고지키』에 기록된 스스코리의 누룩 전래는 발효를 이용한 술 빚는 방법으로 일본의 식문화에 새로움을 선사한 음식한류라고 할 수 있다.

5. 야마노우에노 오쿠라와 술

일본의 가집에서는 술에 대해 어떻게 노래하고 있을까. 일본 고대의 가요집으로 4500여수가 실려 있는 『만요슈(萬葉集)』의 술과 관련된 노래를 살펴보자. 『만요슈』에는 술과 관련된 노래가 꽤 보이는데 그중에서도 야마노우에노 오쿠라(山上憶良: 660~733?)의 빈궁문답가(貧窮問答歌)를 살펴보려고 한다.

오쿠라의 일생에 대해서는 아직까지 다 해명되지 않았으나 『만요슈』에 남긴 독특한 필치의 노래들로부터 많은 학자들이 도래인일 것으로 추정하고 있다. 조금 더 상세하게는 "660년에 태어나 백제가 신라와 당나라 연합군에 의해 멸망한 663년 아버지와 함께 일본으로 건너간 인물로 추측"[4]되고 있다.

『만요슈』의 여러 노래 가운데에서도 빈궁문답가는 빈자(貧者)가 자신보다 더 가난한 궁자(窮者)의 처지에 대해 묻고 답하며 그 슬픔에 대해 공감하는 내용으로 빈자가 극빈자의 심정을 헤아린다는 노래라는 점에서 주목받고 있다. 여기서는 제5권 892번 노래를 인용한다.

비바람이 불며 눈보라치는 밤은, 주체치 못할 정도로 추워서 덩어리진 굵은 소금을 조금씩 핥으며 술막지를 푼 더운 물이나마 마시나 자꾸만 기침이 나오고 콧물을 훌쩍거린다. 그러면서도 제대로 나지도 않은 수염을 쓰다듬으며 나 외에 사람다운 사람은 없겠지 하고 혼자나마 자꾸 우쭐대고 있지만 추워서 정신을 차릴 수가 없다. 삼베로 된 소매없는 옷을 있는 대로 겹쳐 입어도 추운 겨울밤이니 하물며 나보다 가난한 사람의 부모는 배고파 떨고 있겠지. 처자들은 흐느끼며 울고 있겠지. 이럴 때 너는 어찌 살아가고 있는가? 세상이 넓다고는 하나 나에게만 좁은 것인가. 태양이나 달이 밝다고들 하나 날 위해서는 비추어 주지 않는 것일까? 세상 사람들이 모두 다 그런 것인가. 나만 그런 것인가? 우연히 인간으로 태어나 다른 사람과 다름없이 나도 농사를 지었는데도 솜도 넣지 않은 소매 없는 옷으로 마치 바닷말처럼 찢어져 조각난 누더기만을 어깨에 걸치고 있네. 짓눌리고 기울어진 조그마한 집구석에서 땅바닥에 바로 짚을 깔고 어버이는 내 베갯머리 쪽에서 아내나 자식들은 내 발 밑쪽으로 빙 둘러앉아 한숨 지며 신음하고 있네. 부엌은 연기도 내지 못하고 밥솥은 거미가 줄을 진 채 밥 짓는 것도 잊어버리고 호랑지빠귀 새처럼 힘없이 신음하고 있는데 '가뜩이나 짧은 끝을 또 잘라낸다'는 속담처럼 회초리 든 촌장은 자는 데 와서 호통을 치네. 이렇듯 어쩔 수 없는 것인가? 이

---

4 최광준, 「山上憶良의 문학세계—권5에 보여지는 오쿠라작품을 중심으로—」, 『일어일문학』59, 대한일어일문학회, 2013, p.289.

장가(長歌)인 이 노래에서는 아주 추운 겨울날 제대로 된 식량이 없고 몸을 따뜻하게 하기 위해 "굵은 소금을 조금씩 핥으며 술막지를 푼 더운 물이나마 마시나(堅塩を取りつづしろひ糟湯酒うちすすろひて)"라는 시적화자의 가난함이 나타나 있다. 일본어 원문의 '가스유자케(糟湯酒)'란 술지게미를 가리키는데 술을 걸러낸 찌꺼기에 더운 물을 풀어 마실 정도로 빈궁한 상태를 보여준다.

백제계 도래인으로 당나라 유학까지 경험한 지식인 오쿠라는 술지게미로 배를 채우는 빈자들의 가난한 현실을 이렇게 절절하게 노래해 냈다. 빈자들에게는 술지게미에 들어있는 알코올 기운이 몸을 조금이라도 따뜻하게 하는 데에 도움이 되었으리라. 술이 제사나 의식이 없는 곳에서도 보통사람이 일상적으로 마실 수 있는 기호 음료가 된 것은 알코올을 공장에서 대량생산하게 된 근현대의 일이다. 이 시대 일본의 빈궁한 서민들에게 술이라는 것은 아직은 배고픔을 넘어서야 즐길 수 있는 것이었고 술지게미로 배를 채우고 추위를 참을 정도였음을 알 수 있다.

---

5 강용자, 『만엽집 읽기』, 세창미디어, 2013, pp.113~114.

6. 일본제일의 주조신 마쓰노 대사

　　일본에서 전통이 살아숨쉬는 도시 교토(京都)의 아라시야마(嵐山) 지역에 위치한 마쓰노 대사(松尾大社)는 술의 신을 모신 곳이다. 전국에 같은 이름의 신사가 여러 곳에 있지만 『속일본기』 엔랴쿠(延曆) 3년(784) 11월 3일조에 의하면 이곳은 상하(上下) 두 곳의 가모(賀茂)신사와 함께 조정에서 서위를 받은 곳이기에 '대사(大社)'라고 불린다.

　　마쓰노 대사와 관련된 가문으로는 하타 씨(秦氏)를 들 수 있다. 5세기 경 신라 호족 계통의 도래인인 하타 씨를 중심으로 한 집단이 규슈(九州)를 거쳐 교토 지방에 정착하여 일대를 개척하는 과정에서 그 구심점이 된 곳이 마쓰노산(松尾山)과 마쓰노 대사 일대였을 것으로 추정되고 있다.6

　　마쓰노 대사는 여기서 만들어지는 맛있는 술로 유명한데 무로마치(室町) 시대 말기 이후부터 "일본제일의 주조신(日本第一酒造神)"으로 알려져 있다. 하타 씨는 농사나 견직물 생산 등에 뛰어났던 고대의 가문으로 이렇게 마쓰노 대사가 술의 신사로 이름나게 된 이유로는 도래인 하타 씨의 술 빚는 기술을 발달시킨 것과 관계가 있을 것으로 생각되고 있다. 맛있는 술을 빚기 위해서는 곡물이 필요하고, 농사의 기술은 술 빚는 기술과도 연결되었을 것이다.

　　앞서 오진 천황 때 스스코리가 누룩을 이용한 술 빚는 법을 전래했듯이 하타 씨가 농사짓는 기술과 함께 그 지방 일대에서 전파한 술

---

6 진은숙, 「하타씨(秦氏)에 관한 고찰―神祇전승을 중심으로」, 『일본문화연구』27, 동아시아일본학회, 2008, pp.340~343.

빚는 기술은 현재의 마쓰노 대사를 일본 최고의 주조 신사로 만드는 저력이 되어 있다. 일본 고대의 한류, 하타 씨의 술 빚는 법의 전파에는 한반도의 농경문화가 바탕이 되어 있는 것이다.

현대에 다시 정비한 마쓰노 대사의 정원은 "상고(上古)의 정원", "곡수(曲水)의 정원", "봉래(蓬萊)의 정원"으로 나뉜다. 곡수의 정원은 헤이안 시대의 연회 형식인 '곡수의 연'에서 유래한다. 곡수의 연이란 정원의 흐르는 물에 술잔을 띄워 마시는 연회의 놀이 형식으로 다른 말로 유상곡수(流觴曲水)라고도 부른다. 이러한 연회에서는 술잔이 도착할 때까지 시를 짓는 내기를 하기도 했다고 전해진다. 헤이안 시대 외척정치를 통해 최고의 권력을 향유했던 후지와라 미치나가(藤原道長)가 기록한 『미도간파쿠키(御堂関白記)』의 간코(寬弘) 4년(1007) 3월 3일 기사에는 20명 이상이 모여 즐긴 '곡수회(曲水會)'에 대한 내용이 보인다.[7]

한국에서도 선비들이 물에 술잔을 띄워 한시를 짓고 풍류를 즐기던 전통이 있다. 신라 왕실의 별궁으로 경주에 남아있는 포석정(鮑石亭)에는 화강암으로 만들어진 수로가 유상곡수연의 흔적을 남기고 있다. 『삼국유사(三國遺事)』기이(紀異) 처용랑 망해사조에는 헌강왕(875-886) 때 포석정에서 왕이 신하들과 같이 행차했을 때 남산신(南山神)의 춤을 보고 그 모양을 따라 춤을 추었다는 기록이 보인다.

또 포석정에 행차했을 때 남산신이 임금의 앞에 나타나서 춤을
추었는데 좌우의 신하들은 보지 못하고 왕이 홀로 보았다. 어떤

---

7 東京大学史料編纂所 編纂, 『御堂関白記』上, 大日本古記録, 岩波書店, 1952, p.213.

사람[신]이 앞에 나타나 춤을 추니 왕 스스로가 춤을 추어 그 모
양을 보였다.[8]

이와 같이 포석정에서는 임금이 신하들을 데리고 행차하여 함께 어
울린 주연(酒宴)이 열렸을 것으로 추정되는데 포석정의 굴곡진 타원형
수로는 약 22m라고 측정된다고 한다. 술잔을 띄우면 크기에 따라 차
이는 있지만 술잔이 한 바퀴 도는 데에 약 10분이 걸린다고 한다. 곡
수연에서는 술잔이 각자 앞에 오면 한시를 짓는 등으로 풍류를 즐겼
을 것이다.

곡수연의 시초는 중국 동진(東晉) 시대의 왕희지(王羲之) 등 문인들이
술을 마시며 한시를 지었던 일에서 유래한다. 이렇게 나라는 다르지
만 동아시아에서 술을 마시며 풍류를 즐기는 점은 공통적이다. 술이
인간에게 주는 화합과 즐거움은 나라를 가리지 않는다고 하겠다. 한
반도에서 전해진 술과 그 문화는 일본문화 속에 적극적으로 받아들여
졌고 이후 일본 나름의 술 문화로 전개되어갔다.

---

8 원문은 다음과 같다. 「又幸鮑石亭, 南山神現舞扵御前, 左右不見王獨見之. 有人現舞扵
前, 王自作舞以像示之」, 『삼국유사』의 원문 및 번역문 인용은 국사편찬위원회 한국
사데이터베이스에 의함.

7. 고려신사와 지역술 "고려왕"9

도쿄의 서쪽에 위치한 무사시(武藏野) 지역에는 유서 깊은 고
려신사(高麗神社)10가 있다. 이곳은 현재의 행정구역으로는 사이타마현
(埼玉縣) 히다카시(日高市)에 속하는데 예부터 고려향(高麗郷)이라고 불리
던 곳이다. 고려신사는 주제신으로 고려왕 약광(若光)을 모신 곳으로
천 년 이상의 역사를 가지고 있다. 또한 그 주변에는 약광의 위패를
모신 진언종 절 성천원(聖天院) 승락사(勝樂寺)도 위치해 있다.

[그림 1] 고려신사 입구

---

9 이 부분은 필자의 기 발표 논문 「『종교에 관한 잡건철』 고려촌 성천원에 관한 연
  구」, 『원불교사상과 종교문화』72(원광대학교 원불교사상연구원, 2017)의 일부분을
  수정·가필한 것임을 밝힌다.
10 일본어로 '高麗'는 고마라고 발음하며 이때의 高麗는 고구려와 관계가 깊다. 여기
  서는 편의상 한자음을 그대로 음독하여 '고려신사'라고 표기하기로 한다.

'약광'이라고 하면 역사 속에서는 『일본서기(日本書紀)』 덴지(天智) 천황 5년(666) 10월 26일조에는 고구려에서 파견된 사신의 이름 중에 '현무 약광'이 보인다.

> 겨울 10월 26일에 고구려에서 신하 을상엄추를 파견하여 조를
> 올렸다. 〔대사신 을상엄추·부사 달상둔·2위 현무약광 등〕 11

또한 『속일본기(續日本紀)』 몬무(文武) 천황 대보(大宝) 3년(703) 4월 4일조에는 "4일, 종5위하 고구려의 약광에게 왕이라는 성을 내렸다"12라는 기록이 보인다. 즉 고구려 사람에게 성씨를 주고 봉직을 내렸다는 내용이다. 고구려는 668년 멸망하므로 약광은 일본으로 망명한 고구려 유민(遺民)일 것으로 추정되고 있다.

---

11 연민수 외, 『역주 일본서기』3, 동북아역사재단, 2013, p.353 참조; 小島憲之 他編, 『日本書紀』3, 「新編日本古典文学全集」, 小學館, 1998, p.269〔 〕안은 할주(割註)를 표시함.
12 이근우 역, 『속일본기』1, 지만지, 2012, p.86 참조; 青木和夫 他校注, 『続日本紀』1, 「新日本古典文学大系」, 岩波書店, 1989, p.69.

[그림 2] 고려산 성천원 경내 전도
(원문은 국가기록원 소장)

　『속일본기』 겐쇼(元正) 천황 영귀(靈亀) 2년(716) 5월 16일조에는 "스루가·가이·사가미·가즈사·시모우사·히타치·시모쓰케의 일곱 지방에 사는 고려인 1799명을 무사시국으로 옮기고 고려군을 두었다"[13]라는 기술이 있다. 이러한 정보를 바탕으로 약광은 겐쇼 천황 시절에 일본 관동지방의 여러 곳에 흩어져 살고 있던 고구려계 사람들을 무사시국에 모여 살게 했을 때, 고려촌의 수장이었던 것으로 추정되고 있다.

　고려신사에 전해 내려오는 『고려씨 계보(高麗氏系圖)』에는 고려왕 약광의 죽음을 다음과 같이 전한다. "(권두는 책벌레가 먹음) 이에 의해 그를 따르던 사람들이 귀천을 막론하고 모여서 사체를 성 밖에 묻고 신국의 예에 따라 영묘를 신전의 뒷산에 세우고 고려명신이라고 숭경하며 고을에 흉사가 생길 때마다 그에게 빌었다."[14]. 권두의 책벌레가

---

13 「駿河・甲斐・相模・上總・下總・常陸・下野の七国の高麗人千七百九十九人を以て、武蔵国に遷し、高麗郡を置く。」, 青木和夫　他校注, 『続日本紀』2, 「新日本古典文學大系」, 岩波書店, 1990, p.15.

먹은 부분은 약광의 임종을 적은 부분으로 추정되며, 성천원에는 약광의 묘라고 전해지는 오층탑이 '고려왕묘(高麗王廟)'라는 편액이 달린 전각에 남아있다.

현재 남아있는 계보는 고후카쿠사(後深草) 천황 시대인 1259년의 화재로 소실된 이후, 당시 여러 씨족으로 나누어진 고려가(高麗家) 사람들의 자료와 기억을 토대로 복원된 것인데 앞부분이 책벌레에 의해 손상되었다. 사서에 나타나는 약광과 고려신사의 시조 약광이 동일인인지 여부를 명확히 증명하기는 어렵지만, 적어도 약광이라는 인물이 일본에 정착한 고구려인들의 구심적 역할을 하고 고려향(高麗鄕)의 지도자적 위치에 있었던 것은 분명해 보인다.

이 주변에는 고려천(高麗川, 고마가와)이라는 대단히 맑은 천이 흐른다. 조선총독부가 생기기 전 한일병합조약 직전 한국통감부 때의 공문서철인 『종교에 관한 잡건철(宗敎に関する雑件綴)』제7호 문서 별지에는 <고려산 성천원 경내 전도>[15]가 실려 있다. 이 그림이 이 문서철에 실리게 된 연유에는 이데올로기적 목적이 개입되어 있지만 여기서는 이 그림에 고려천이 상세하게 그려져 있는 점에 주목하여 당시의 모습을 세밀하게 묘사한 자료로서의 가치에 주목하고자 한다.

<그림2>에는 산을 배경으로 중간에 약광의 위패를 모신 절 성천원

---

14 「因之、從來貴賤相集、埋屍城外、且依神国之例、建霊廟御殿後山、崇高麗明神、郡中有凶則祈之也」, 高麗神社奉賛会 編, 『高麗神社小記』, 高麗神社奉賛会, 1939, p.11. 초판은 1934년 간행.

15 박광수, 이부용, 장혜진, 최세경, 편용우 편저, 『대한제국시기 한국통감부 공문서 「종교에 관한 잡건철」, 1906~1909』, 원광대학교 종교문제연구소 자료집총서1, 집문당, 2016, p.25

이 그려져 있고, 그것을 둘러싼 숲과 나무가 보이는데 그림 가장 아래쪽의 물결이 고려천의 풍부한 수량을 나타낸다. 그림 속에는 강물 가운데의 징검다리, 낚시하는 사람, 양 어깨에 물동이를 짊어지고 가는 사람, 말을 끌고 가는 부자(父子)로 보이는 두 인물 등이 보인다. 이처럼 고려천은 이 일대의 수자원으로 농사와 생활에 유용하게 사용되어 왔다.

[그림3] 고려천의 맑은 물

고려천이라고 하면 청수(淸水)라는 수식이 붙는다. 이 지역 고려천의 맑은 물로 빚은 술로 "고려왕"이라는 소주가 생산되고 있다. 나가사와 주조주식회사(長澤酒造株式会社)에서 만드는 이 술은 '개운·출세의 술'이라는 수식어와 함께 팔리고 있다. 고구려 유민들의 구심점이었던 고려신사는 일본 속에서 뿌리내려 각자의 소원 성취를 기원하기 위해 많은 사람들이 방문하고 있다. 이곳에 방문한 이들이 사회적으로 성공하는 사례가 많아 출세의 신으로 유명해졌기 때문이다.

2016년 히다카시에서는 고려군 건군(716)의 1300년을 기념하여 역사와 문화를 알리는 기념행사를 대대적으로 개최하였다. "고려왕"을 생산하는 나가사와 양조장 역시 1844년 창업하여 170년 이상의 깊은 전통을 가진 지역의 유서 깊은 곳이다.

'고려왕'은 원료와 발효 방법에 따라 현재 세 가지 종류로 출시되어 있다. 먼저 저온에서 발효시킨 청주 음양주(吟釀酒), 둘째로 양조 알코올을 첨가하지 않고 쌀로 만든 순미음양(純米吟釀), 셋째로 쌀로만 발효시킨 순미주(純米酒)로 나뉜다. 알코올 도수는 모두 15도이다.

고려신사가 위치한 히다카시에서는 지역 활성화를 위해 이 고장의 풍부한 자연과 유구한 역사 속에서 생산된 토산물들을 홈페이지를 통해 알리고 기부금을 낸 이들에게는 지역특산품을 답례로 보내고 있다. '고려왕'은 히다카시가 추진하는 풍부한 자연을 이용한 지역 활성화 특산품으로도 선정될 정도로 지역술(地酒)로서 사랑받고 있다.

그 명칭이 이국적인 지역술 "고려왕" 브랜드가 일본에서 오랫동안 사랑을 받고 있는 것은 1300년 전 고려군을 건군한 약광의 리더십과 도래인들이 일구어낸 향토문화에 대한 자부심이 그 저류에 흐르고 있기 때문일 것이다. 일본으로 건너간 고구려인들이 모여 살던 무사시 지역 고려향에는 고려신사가 남아 지역의 구심점이 되고 있으며, 전통주 "고려왕"을 통해 고대 일본의 한류가 현재까지 이어지고 있음을 여실히 보여주고 있다.

8. 맺음말

　　고대 한반도에서 일본으로 건너간 사람들은 일본의 척박한 땅을 개척하여 모여 살면서 농사짓는 법, 쌀 빚는 법 등을 전했다. 고대의 한류는 한자나 유교, 음악과 무용 등 다양한 분야에 걸쳐있지만 여기서는 식생활에서 빠지지 않는 술 문화를 중심으로 살펴보았다. 일본 고대에 술은 제사에서 신과 인간의 소통을 상징하는 중요한 음료로 기능했다. 백제에서 건너간 스스코리는 고대 일본에 누룩을 이용하여 술을 발효시키는 기술을 전했다. 교토 북서쪽의 마쓰노산 부근으로 이주한 신라계 하타 씨는 마쓰노 대사에 맛있는 술의 전통을 남기고 그곳은 일본 최고의 양조조신(醸造祖神)으로 알려지게 되었다. 또한 도쿄 서쪽의 무사시 지역의 고려향 일대에는 고려신사와 성천원이 남아 그 일대를 개척하여 살았던 고구려 유민들의 삶의 흔적을 전하며 고려천의 맑은 물로 만든 지역의 전통술 '고려왕'은 일본에 전해진 한류가 현재 어떤 모습으로 일본인들의 삶 속에 함께 하고 있는지를 보여주고 있다.

참고문헌

단행본

강용자 지음, 『만엽집 읽기』, 세창미디어, 2013.

노성환 역주, 『고사기』, 민속원, 2009.

박광수, 이부용, 장혜진, 최세경, 편용우 편저, 『대한제국시기 한국통감부 공문서「종교에 관한 잡건철」, 1906~1909』, 집문당, 2016.

연민수 외, 『역주 일본서기』1~3, 동북아역사재단, 2013.

이경화, 「신들의 술, 인간의 이야기」, 일본고전독회 편, 『의식주로 읽는 일본문화』, 제이앤씨, 2018.

이근우 역, 『속일본기』1~4, 지만지, 2012~2016.

와카모리 타로 지음, 이세연 외 옮김, 『술로 풀어보는 일본사』, 이상미디어, 2017.

青木和夫 他校注, 『続日本紀』1~2, 「新日本古典文学大系」, 岩波書店, 1989~1990.

韓国統監府, 『宗教に関する雑件綴』, 1906.

小島憲之 他編, 『日本書紀』3, 「新編日本古典文学全集」, 小學館, 1998.

高麗神社奉賛会 編, 『高麗神社小記』, 高麗神社奉賛会, 1939.

東京大学史料編纂所 編纂, 『御堂関白記』上, 大日本古記録, 岩波書店, 1952.

山口桂紀・神野志隆光 校注・訳, 『古事記』, 新編日本古典文学全集, 小学館, 1997.

和歌森太郎, 『酒が語る日本史』, 河出文庫, 1987.

논문

이부용, 「『종교에 관한 잡건철』 고려촌 성천원에 관한 연구」, 『원불교사상과 종교
　　　　문화』72, 원광대학교 원불교사상연구원, 2017.
진은숙, 「하타씨(秦氏)에 관한 고찰—神祇전승을 중심으로」, 『일본문화연구』27, 동
　　　　아시아일본학회, 2008.
최광준, 「山上憶良의 문학세계—권5에 보여지는 오쿠라작품을 중심으로—」, 『일어
　　　　일문학』59, 대한일어일문학회, 2013.

자료

국립민속박물관 『한국민속대백과사전』 https://folkency.nfm.go.kr/kr/main
국사편찬위원회 한국사데이터베이스 『조선왕조실록』 http://db.history.go.kr/

일본에서의
발해의 위상과 그 역할

———

헤이안 시대 문학작품을
중심으로

김정희(金靜熙)

1. 머리말

한일교류의 역사는 오래 되었는데 그 중에서도 발해(698~926)
와 일본과의 교류는 특기할 만하다. 727년에 처음으로 발해사(渤海使)
가 일본으로 파견된 후, 발해가 멸망할 때까지 34회에 걸쳐 발해사가
일본에 파견되었다. 반대로 일본 측에서도 13회에 걸쳐 발해로 사절
을 파견하였다. 특히 헤이안쿄(平安京, 현재 교토시(京都市)의 중심부, 헤이안
시대(平安時代, 794~1185))로 수도를 천도한 이후에 이곳으로 입경(入京)한
외교사절단은 발해사가 유일하다. 그만큼 발해와 일본의 관계가 특별
했음을 의미하는 것이다.

모리 기미유키(森公章) 씨는 이러한 발해와 일본의 교류사를 4기로
나누고 있다. 제1기는 당나라, 신라와 대립하고 있던 발해가 일본과
친선관계를 맺고자 접근했던 시기(발해사 2회, 일본사절 1회 파견(727~752)),
제2기는 일본과 신라의 관계 악화로 발해와 일본의 교류가 단기간에
빈번하게 이루어졌던 시기(발해사 9회, 일본사절 7회 파견(758~786)), 제3기는
10년 만에 발해사가 일본에 파견되어 교류가 재개된 시기(발해사 9회, 일
본사절 4회 파견(795~823)), 제4기는 12년에 1회 발해사를 파견하기로 하
여 그것이 정착된 시기(발해사 14회 파견(825~919))이다.[1] 이 가운데에서
몇 가지 유의해야 할 점이 있는데 첫 번째로는 당나라, 신라와의 긴장
관계 때문에 무관을 사절로 파견했던 발해는 제6회 발해사(761)부터는
문관을 파견하게 되었다는 것이다. 그 이유로는 당나라와의 관계회복

---

1 森公章, 「賓礼の変遷から見た日渤関係をめぐる一考察」, 『日本と渤海の古代史』, 山川出版
社, 2003, pp.130~141.

을 들 수 있다. 따라서 이후에는 일본 측도 발해의 사절에 맞춰 문사(文士)가 발해사를 영접하게 되었고, 연회의 자리에서는 한시를 서로 주고받는 교류가 이루어졌다. 그때 읊은 발해사의 한시에 대한 기록이 『분카슈레슈(文華秀麗集)』, 『게이코쿠슈(経国集)』 등 칙찬한시집(勅撰漢詩集)에도 남아있다는 점은 발해사의 위상이 높았다는 것을 의미한다. 두 번째로는 제3기부터는 발해로부터 파견되는 인원과 배의 숫자가 증가하고, 일본을 방문하는 목적도 교역으로 중심이 옮겨갔다는 것이다. 그 배경에는 당나라와의 관계가 수복되어 훌륭한 공예품이 발해로 유입되었고, 발해의 수공업도 발전하여 중계무역품이나 발해의 물품을 교역하여 국가의 이익을 충당했기 때문이다.[2]

본고에서는 이러한 발해와 일본의 교류사를 바탕으로 발해에 대한 당시 일본인들의 인식을 문인들의 한시 교류와 모노가타리(物語)를 통해서 고찰하고, 특히 발해와 관련된 것이 모노가타리에서 어떠한 역할을 하고 있는지에 대해서 살펴보고자 한다. 그 이유는 발해사와 일본인들의 직접적인 교류의 양상이 한시 등에 드러나 있다는 점, 그리고 이러한 발해와의 교류가 이후 일본의 모노가타리 작품에서 중요한 모티브가 되어 양국의 교류가 종료된 이후에도 발해에 대한 서술이 모노가타리에 반복적으로 등장하여 역사적인 자료에서는 알 수 없는 발해, 특히 발해의 문화에 대한 인식과 그것이 문학작품에서 어떻게 활용되고 있는지를 알 수 있기 때문이다. 따라서 먼저 양국의 한시교류에 대해서 분석하고, 모노가타리에서는 발해와 관련된 물품, 인물들

---

2 石母田正, 「古代における国際認識について」, 『思想』454, 1962, pp.418~425.

이 작품에서 어떠한 역할을 하고 있는지에 대해서도 분석해 봄으로써 발해와 관련된 것들이 헤이안 문학에 미친 영향에 대해서 살펴보고자 한다.

2. 발해와 일본 문인들의 한시 교류

학문의 신으로 잘 알려진 스가와라노 미치자네(菅原道真)의 한시집 『간케고슈(菅家後集)』에는 882년에 제30회 발해사로 온 배정(裴頲)과의 대면을 앞두고 만든 그의 한시 서문이 실려 있다. 이 자리에는 당시 일본의 손꼽히는 문인들이 있었던 것을 알 수 있는데, 스가와라노 미치자네, 시마다노 다다오미(島田忠臣), 그리고 기노 하세오(紀長谷雄, 이 자리에 기노 하세오가 참석했다는 것은 『덴씨가집(田氏家集)』중권 108번 한시에서 확인된다) 등의 이름이 기록되어 있다.[3] 흥미로운 것은 배정이 한시를 읊는 재능이 뛰어난데다가 그가 미리 한시를 준비해 올 것을 우려하여 미치자네와 다다오미는 논의 끝에 배 대사와 대면한 자리에서 즉석으로 한시를 읊기로 결정했다는 것이다.[4]

홍려증답시의 서문 『5월 나는 조정에서의 심의에 의해 임시로

---

3 발해사와 일본문인들의 한시 교류에 대해서는 田中隆昭, 「渤海使と日本古代文学」, 田中隆昭監修, 『アジア遊学 渤海使と日本古代文学』別冊2, 勉誠出版, 2003, pp.8~20, 김효숙, 「일본고전문학에 나타난 발해의 형상」, 『동아시아고대학』제34집, 2014, pp.353~377 등의 연구가 있다.
4 川口久雄校注, 日本古典文学大系『菅家文草 菅家後集』, 岩波書店, 1988, p.543.

지부노다이후(治部大輔)가 되어 손님을 응접했다. 그래서 이 시의 서문을 만들었다』

나는 지부노다이후로서 겐바노가미(玄蕃頭)인 시마다노 다다오미와 함께 홍려관을 방문했다. 미리 이전의 기록을 살펴본 바, 두 관청(지부쇼(治部省)·겐바료(玄蕃寮))의 관리는 공무가 아니기 때문에 홍려관 안으로 들어갈 수가 없다. 나와 다다오미는 상의하여 <u>배 대사는 일곱 걸음을 걷는 사이에 시를 읊는다는 조식(曹植)과 같은 재능이 있고</u> 후일 연회에서 한시를 미리 만들어 올 여지가 있다. 각각 연석에 참가하여 각자 그 자리에서 읊어야 한다. 대면했을 때 이외에는 결코 시를 읊지 않기로 하자. 논의하여 그렇게 결정했다.

鴻臚贈答詩序 『元慶七年五月、余依朝議、仮称礼部侍郎、接待蕃客。故製此詩序』 余以礼部侍郎、与主客郎中田達音、共到客館。安旧記、二司大夫、自非公事、不入中門。余与郎中相議、裴大使七歩之才也。他席贈遺、疑在宿構。事別宴席、各竭鄙懐、面対之外、不更作詩也。事議成事定。

(巻7 555번)

여기에서 주목할 점은 미치자네와 다다오미가 발해 사신인 배정의 뛰어난 재능을 이미 알고 있었고, 그를 뛰어난 문학자이자 시성(詩聖)으로 불렸던 조식에게 비유하고 있다는 점이다(밑줄부분).[5] 칠보(七歩)란 중국 위나라의 황제인 조비(曹丕)가 사이가 나쁜 동생인 조식에게 일곱 걸음을 걷는 사이에 시를 짓지 않으면 벌을 내리겠다고 하여 그

---

5 川口久雄校注의 『菅家文草 菅家後集』 등 기존의 연구에서는 미치자네의 한시 서문과 조식의 시와의 관련성에 대한 언급이 없고, 이 점은 필자가 새롭게 추가한 것이다.

96

자리에서 조식이 시를 읊었다는 데에서 인용한 것이다.[6] 이 점을 통해서 배정의 능력이 당시 일본 쪽에 상당히 알려져 있었다는 것, 따라서 미치자네와 다다오미 등 일본의 문사들은 배정과의 한시 교류에 대해서 민감할 수밖에 없었다는 것을 알 수 있다.

배정과 미치자네 등이 읊은 한시 중에서 현재 전해지고 있는 것은 『간케분소』의 9수, 『덴씨가집』의 7수이다. 후자의 중권 108번 시에는 시마다노 다다오미가 배정의 재능을 칭찬하면서 그가 즉석에서 한시를 얼마나 훌륭하게 읊는지에 대해서 감탄하는 내용이 나오고, 이어지는 109번 시에서도 그의 재능이 뛰어나다는 것과 그가 재빨리 5행 시를 읊었다는 것을 중국의 응생(應生)의 총명함에 비유하여 표현하고 있다. 109번 시의 미련(尾聯)을 인용해 보면 다음과 같다.[7]

> 우리의 총명한 왕이 당신이 총명한지를 묻는다면
> 明王若問君聡敏
> 5행을 재빠르게 읊었다는 응생도 부끄러워 할 것이라 아뢸 것
> 입니다.
> 奏報應生謝五行   (卷中 109번)

시마다노 다다오미는 배정과 한시를 읊은 후 그가 한시에 뛰어난

---

6 『세설신어(世説新語)』 <文學>편 66「文帝嘗令東阿王七步中作詩, 不成者行大法。應聲便為詩曰：「煮豆持作羹, 漉菽以為汁。其在釜下然, 豆在釜中泣。本自同根生, 相煎何太急?」帝深有慚色。」「中國哲學書電子化計劃」
　https://ctext.org/shi-shuo-xin-yu/wen-xue/zh#n90997 (검색일: 2021. 02. 12)
7 中村璋八・島田伸一郎, 『田氏家集全釈』, 汲古書院, 1992, pp.198~202.

재능을 지닌 중국인과 견주어 보아도 능가한다고 평가하고 있다. 배정의 비교의 대상으로 삼은 응생은 후한(後漢) 사람으로 매우 총명하여 한시를 암기하지 않고 단지 책을 읽은 후에 5행을 재빨리 읊은 것으로 알려져 있다.[8] 이것은 앞서 『간케고슈』에서 배정의 재능을 조식과 비교하고 있는 것과도 상응한다. 실제로 외국 사신과 한시를 읊는 교류의 장은 자국의 문화의 수준을 평가하는 자리였으며, 따라서 발해 사신인 배정의 능력에 뒤지지 않는다는 것을 보여주고자 즉석에서 한시를 읊으려고 하는 일본 측의 노력을 엿볼 수 있다. 그만큼 발해의 문인들이 한시문에 대한 조예가 깊었다는 것을 일본 측에서 강하게 의식하고 있었다는 것이 드러나는 것이다.

이와 같이 발해 문인들의 시문에 대한 재능을 인정하고 그들과 한시를 주고받은 문인들이 존재했던 시기를 후대에서는 이상적인 문인들의 활약의 장으로 인식하고 있었다는 것을 확인해 볼 수 있다. 『고단쇼(江談抄)』(1104~1108년 성립)에는 미야코노 요시카(都良香) 부자의 한시를 발해 사신들이 듣고 감탄했다는 서술이 보인다. 이 작품은 오에노 마사후사(大江匡房)의 이야기를 후지와라노 사네카네(藤原実兼)가 필록한 것으로, 오에노 마사후사는 원정기(院政期)를 대표하는 문인 중한 명이었다. 그런 그가 일본의 유명한 문인들과 발해 사신들과의 한시를 중심으로 교류한 이야기를 전달하고 있다는 점에 주목해야 할 것이다.

---

8 위의 책, p.202의 주 참조.

(1) 수도에서는 양국 수호의 좋은 분위기가 자연스럽게 형성되어 사라지는 일이 없구나. 후에 이것을 아쉬워하며 영빈관을 방문하겠지.

　　　　　　　　　　　　홍려관의 남문 미야코노 요시카

노인이 전하기를 '사신 배 씨는 이 구를 듣고 매우 감격하였다.…

自ら都に良き香の尽きざること有り　後来賓館にまた相尋ねむ

　　　　　　　　　　　鴻臚館の南門　都良香

故老伝へて云はく、「裴、この句に感ずること尤もはなはだし。...

　　　　　　　　　　　　　　　　　　　　(巻4　22)

(2) 당신과의 재회는 정확하게 기약할 수는 없겠지요. 지금부터는 마음에 두고 당신의 나라에서 바람이 불어오기를 기대하겠습니다.

　　　　　　　　　　배 대사의 귀향을 배웅한다. 미야코노 아리나카

노인이 말하기를 '아리나카가 에치젠노 조에 임명되어 그곳에서 배 대사와 교류하였다. 이별할 때 시를 헌정하였다. 배 대사는 매우 감격하였다.…

君と後会せんこと定めなかるべし　これより懸けて望まむ北海の風

裴大使の帰るを送る　都在中

故老曰はく、「在中。越前掾に任ぜられ、かの州において裴と交はりを結べり。別れに臨んで詩を呈す。裴、大いに感ず。...　(巻4　23)[9]

9　後藤昭雄外編, 新日本古典文学大系『江談抄 中外抄 富家語』, 岩波書店, 2008, pp.116~117.

인용문(1)은 872년에 미야코노 요시카가 발해사와 이별할 때 읊은 한시로, 발해사가 매우 감탄했다는 것이다(밑줄부분). 여기에서 사신 배씨가 누구인지는 기록을 통해서는 알 수 없으나[10] 미야코노 요시카의 한시를 듣고 감격했다는 점에서 한시에 조예가 깊은 인물이라는 점을 짐작해 볼 수 있다. 인용문(2)는 요시카의 아들인 아리나카가 920년에 발해 사신인 배구(裴璆)가 떠날 때 읊은 것이다. 이 두 개의 인용문에서 공통적인 것은 문인들의 활약상을 발해사와의 한시교류를 통해서 이야기하고 있다는 점이다. 후대에도 발해사들과 일본인들의 교류가 문화의 우수성을 드러내는 척도가 되어 문인들 사이에서 발해사들의 한시의 재능과 그 위상이 높았다는 것이 드러나고 있다.

3. 발해의 물품과 『겐지모노가타리(源氏物語)』

727년 처음으로 발해와 일본의 교류가 시작된 이후로 양국의 사신들은 서로 친선의 의미로 선물을 교환하였다. 이 외에도, 앞서 언급했듯이, 8세기 중반 이후에는 민간에서도 교역이 이루어졌던 것으로 추정된다. 사카요리 마사시(酒寄雅志) 씨에 따르면 당시 발해사들이 일본에 보낸 물품은 짐승의 털가죽이 중심이 되었다. 담비털 가죽, 큰 곰 가죽, 표범털 가죽, 곰털 가죽 등이며 그 외에 인삼, 꿀, 담비 가죽으로 만든 옷, 가죽 띠, 사향, 신발, 금동향로 등이다.[11]

---

10 위의 책, 116페이지의 주3번 참조.
11 酒寄雅志, 「渤海の交易—朝貢・互市、そして三彩」, 佐藤信編, 『日本との古代史』, 山川出

당초 외국에서 온 가라모노(唐物)[12], 즉 한반도를 비롯한 중국에서 온 물품들은 입수가 어려웠기 때문에 황실만이 소유할 수 있는 고유의 권한이 있었다. 그것을 상징하는 것이 정창원(正倉院)[13]의 물품들로, 물론 여기에는 외국풍으로 일본에서 제작된 것들도 있지만 견당사(遣唐使)들을 통해 입수된 진귀한 물품들도 포함되어 있다. 이러한 외국에서 입수된 보물들을 왕의 권위를 보이는데 활용한 인물이 바로 사가천황(嵯峨天皇, 재위기간 809~823)이다. 그는 정창원의 보물들 중 가장 외국풍인 것들을 빌리거나 구입한 이색적인 천황으로 서적, 악기, 병풍 등이 주로 대상이 되었다.[14] 이와 같이 외국의 문물을 특히 선호했던 그는 당나라뿐만 아니라 발해와의 우호도 돈독히 하고자 하였다. 사실 발해사는 위에서 언급한 대로 동물들의 털가죽을 주로 일본에 헌납하였고, 이에 대해 일본 측은 공식적인 빈객(賓客)으로 비단, 무늬를 넣은 비단, 면 등의 섬유제품의 원료를 헌납하였다. 이것은 일본 측 입장에서는 경비 면에서 상당한 부담이었고, 따라서 간무천황(桓武

版社, 2003, p.10.

12 '가라(から)'는 원래 가라국(加羅國)에서 유래한 말로 일본과 최초로 교류한 외국이었다. 그렇기 때문에 '가라'라는 국가명이 외국을 가리키는 용어로 사용되다가 한반도에 있는 나라 전체를 가리키는 용어로 발전하였다. 8세기가 되면 견당사가 재개되어 중국=당(唐)을 가리키는 용어로 확대되었다. '가라모노'는 중국이나 더 먼 외국에서 중국을 경유해서 운반된 물건을 가리키는 용어이다. 河添房江, 『唐物の文化史』, 岩波新書, 2018, p.5.

13 정창원의 물품에 대해서는 河添房江, 「上代の舶載品をめぐる文化史」, 『アジア遊学147 唐物と東アジア』, 勉誠出版, 2011, pp.51~65, 東野治之, 『遣唐使と正倉院』, 岩波書店, 1992, pp.1~359 참조.

14 가라모노와 조정, 귀족과의 관계에 대해서는 河添房江, 위의 책, pp.1~93에서 많은 시사점을 얻었다.

天皇, 재위기간 781~806)은 6년에 1회, 준나천황(淳和天皇, 재위기간 823~833)
은 12년에 1회 발해사가 일본으로 파견되기를 희망했다. 발해 측은
이것을 받아들이지 않았으나 이러한 두 명의 천황 사이에서 재위했던
사가천황은 발해사를 14년의 재위기간 동안 6회나 맞이하여 환대하였
다. 가와조에 후사에(河添房江) 씨는 814년 9월 30일에 일본을 방문한
발해사들의 빈례(賓礼)의 예를 들어 사가천황은 궁중에서의 행사뿐만
아니라 발해사를 환대하는 연회에서 정창원에서 빌린 보물들을 배치
했을 가능성이 있다는 점을 지적하였다. 그 이유로 발해사가 내항하
기 거의 2주 전인 9월 17일에 산수화 병풍과 당국도(唐国図) 병풍, 당
고인(唐古人) 병풍 등 36첩의 병풍을 정창원에서 꺼냈기 때문이다.[15]
이와 같이 사가천황이 정창원의 보물을 발해사들 앞에서 선보인 것은
일본의 위세와 문화를 발해에게 자랑하고자 하는 것을 의미하는데 이
것은 반대로 말하면 그만큼 발해의 문화수준을 의식하고 있었다는 것
을 의미한다.

닌묘조(仁明朝, 833~850) 이후 가라모노의 수요는 점점 늘어나 세이와
초(清和朝, 850~881) 때는 '가라모노쓰카이(唐物使)'라고 하는 당과 신라,
발해 등 외국 상선이 가져온 물건을 조정에서 먼저 사기 위한 사자를
다자이후(大宰府)에 보냈다. 그러나 『일본삼대실록(日本三代実録)』 885년
10월 21일조에는 교토의 귀족들이 사자를 보내어 조정이 전매하기 전
에 가라모노를 구입하는 것을 금지한다는 기록이 보인다.[16] 이것은 귀

---

15 위의 책, p.40.
16 위의 책, p.46.

족층에서도 가라모노의 수요가 증가한 것을 의미하는 것으로, 조정은 이러한 상황을 막고자 했던 것이다. 이후 우다조(宇多朝, 887~897) 때는 견당사가 폐지되어 국풍문화가 발달하였으나 신라 상인, 발해 상인, 그리고 당 상인들의 활약으로 대륙으로부터 가라모노의 유입은 훨씬 증가하였다. 다이고천황(醍醐天皇, 897~930)은 하카타(博多)를 경유하여 유입된 가라모노를 사용하여 '가라모노교란(唐物御覧)'이라는 시스템을 확립하여 황위를 과시하였다.[17] '가라모노교란'이란 가라모노를 검분(検分)하고 나눠주는 것으로, 천황은 외국 배에서 헌상한 가라모노를 신하들에게 분배하였고, 이를 통해서도 외국의 물품은 귀족 사이로 퍼져나갔다.

이와 같은 가라모노에 대한 조정과 귀족들의 희구는 모노가타리 문학 속에도 투영되어 있으며 그것이 모노가타리 문학에서 각 인물들의 특징과 주제를 드러내는 역할을 하고 있다. 물론 10세기 초에 성립되었다고 추정되는 『우쓰호모노가타리(うつほ物語)』나 11세기 초의 『겐지모노가타리』와는 실제 발해와 일본이 교류하던 시기의 시대적 차이가 있지만 허구의 작품 속에서는 그러한 시대상의 일단을 엿볼 수 있는 장면들이 등장한다. 특히 『겐지모노가타리』의 경우, 작품의 준거(準拠)가 엔기·덴랴쿠기(延喜·天暦期, 901~957, 다이고천황(醍醐天皇)~무라카미천황(村上天皇)의 치세)라는 점을 감안하면, 이 작품의 앞부분은 발해와의 교류가 이루어지고 있었던 시기와 맞물린다는 점에서 주의할 필요가 있다. 본고에서는 발해에 주목하고 있기 때문에 '가라모노' 중에서도 발해와 관

---

17 위의 책, p.50.

련된 물품에 관해서 이후 모노가타리를 통해서 살펴보고자 한다.

『우쓰호모노가타리』의 「구라비라키(蔵開)」 중권에서는 담비털 가죽 옷에 대한 서술을 확인해 볼 수 있다.

> (온나이치노미야는) 빨간 색 천으로 만든 침구와 비단으로 된 침구에도 면을 넣고, 거기에 하얀 비단으로 된 우치키를 여러 겹으로 덧댄 것과 6척 정도의 <u>검은 담비털 가죽 옷</u>에 비단 안감을 덧대고 면을 넣은 것을 싸게 했다.
>
> 　赤色の織物の直垂、綾のにも綿いれて、白き綾の重ねて、六尺ばかりの<u>黒貂の裘</u>、綾の裏つけて綿入れたる、御包に包ませたまふ。[18]

이 본문은 음력 12월 중순에 피치 못할 사정으로 궁중에 머물게 된 후지와라노 나카타다(藤原仲忠)가 부인인 온나이치노미야(女一の宮)에게 편지를 보내고, 그 편지를 받은 온나이치노미야가 궁중에서 숙직하는 동안 남편이 추위를 견딜 수 있도록 담비털 가죽으로 된 옷을 보내는 장면이다. 가죽 옷 중에서도 담비털 가죽은 당시 최고급 상품으로, 앞서 언급했듯이 발해사가 가지고 온 대표적인 물품 중 하나이다. 이러한 담비털 가죽을 주인공인 나카타다가 소유하고 있었다는 것은 상류귀족으로서의 그의 위치를 상징하고 있다고 할 수 있다. 단, 이 옷이 발해에서 유입된 것인지, 아니면 다자이후를 통해 중국 등에서 유입된 것인지는 정확하게 알 수는 없으나 담비털 가죽옷이 상류귀족 중에서도 남성이 입는 옷이었다는 것을 먼저 확인해 두고자 한다.

---

18 中野幸一 外 校注, 新編日本古典文学全集「うつほ物語」 ②, 小学館, 2003, p.451.

이와 같은 털가죽 옷에 관한 묘사는 『겐지모노가타리』의 「스에쓰무하나(末摘花)」 권에서도 보인다.

입고 있는 것에 대해서 말하는 것도 조심성이 없는 것 같지만 옛 이야기에서도 사람의 복장에 대해서 먼저 이야기하는 듯하다. 이것을 모방해서 말해보자면 엷은 다홍색의 표면이 심하게 바래서 희뿌옇게 된 히토에를 입고 그 위에 원래 색깔이 보이지 않을 정도로 검게 더러워진 우치키를 겹쳐 입고 그 위에는 검은 담비털의 가죽옷을, 매우 훌륭하고 향기가 스며들어 있는 것을 입고 있다. 고풍스럽고 유서 있는 복식이기는 하지만 역시 젊은 여성의 복장으로는 어울리지 않고 과장된 느낌이 눈에 띈다. 그래도 과연 이 가죽옷이 없었다면 추웠을 것 같다고 생각되는 (스에쓰무하나의) 안색을 (겐지는) 애처롭게 바라보신다.

着たまへる物どもをさへ言ひたつるも、もの言ひさがなきやうなれ ど、昔物語にも人の御裝束をこそまづ言ひためれ。聴色のわりなう上白 みたる一かさね、なごりなう黒き袿かさねて、表着には黒貂の皮衣、い ときよらにかうばしきを着たまへり。古代のゆゑづきたる御裝束なれ ど、なほ若やかなる女の御よそひには似げなうおどろおどろしきこと、 いともてはやされたり。(①293)[19]

황폐해진 집에 살고 있는 스에쓰무하나가 입고 있는 담비털 가죽옷은 과거 그녀의 집안이 번성했던 것을 상징한다. 시실 스에쓰무하나의 아버지는 히타치노친왕(常陸親王)으로, 발해로부터 입수한 외국의

---

19 이하 『겐지모노가타리』의 본문은 阿部秋夫・秋山虔 他 校注, 新編日本古典文学全集 『源氏物語』①~③, 小学館, 1994~1996에서 인용하고 권수, 페이지수를 표시하였다.

물품을 소유할 수 있는 위치에 있었다. 이 작품의 주석서인 『겐지모노가타리 고케쓰쇼(源氏物語湖月抄)』에서는 히타치노친왕의 모델로 무라카미천황의 숙부인 시게아키라친왕(重明親王)이라는 설을 제시하고 있는데 그가 발해사를 환영하는 연회에서 담비털 가죽옷을 8장이나 겹쳐 입었다는 『고케시다이(江家次第)』의 기록을 인용하고 있다.[20] 뿐만 아니라 겐지가 궁핍한 스에쓰무하나를 원조할 결심을 한 후 '담비털 가죽옷이 아닌 비단, 무늬를 넣은 비단, 면 등 늙은 뇨보 등이 입을 듯한 의복을 문지기인 노인을 위해서까지 위아래로 신경을 쓰셔서 물건을 보내셨다(黒貂の皮ならぬ絹、綾、綿など、老人どもの着るべき物のたぐひ、かの翁のためまで上下思しやりて奉りたまふ)(①297).'라는 문장에 주목하고자 한다. 여기에서는 담비털의 가죽옷을 입고 있는 스에쓰무하나를 가볍게 조롱하고 있는데 그 가죽옷 대신에 비단, 무늬를 넣은 비단, 면을 보내겠다고 한 부분에서 이 3가지 품목은 앞서 언급했듯이 발해사에게 일본이 헌상하는 답례품의 품목이라는 점에 유의해야 할 것이다.[21] 이와 같은 품목의 대비는 스에쓰무하나의 이야기에서 담비털 가죽옷이 발해사에 의해 유입된 것을 의식한 것이라고 추측해 볼 수 있다. 즉 발해사가 가지고 온 물품을 소유할 수 있을 정도로 영화를 누리고 있던 집안의 과거와 현재의 스에쓰무하나의 궁핍이 더욱 대비되는 효과를 낳고 있는 것이다.

아버지가 돌아가신 후 황폐해진 집에 남겨진 스에쓰무하나는 과거

---

20 北村季吟, 『源氏物語湖月抄』上, 講談社学術文庫, 2001, p.345.
21 河添房江, 『光源氏が愛した王朝ブランド品』, 角川選書, 2008, pp.48~49.

의 유품을 몸에 두르고 있는 것인데 그 자체는 향기가 스며든 훌륭한 물건이지만(밑줄부분), 젊은 여성에게는 전혀 어울리지 않는 것이었다. 역시 담비털 가죽옷은 위에서 살펴본 『우쓰호모노가타리』의 예에서 드러나는 것처럼 남성에게 어울리는 의복으로, 돌아가신 아버지가 남긴 고풍스러운 옛 유품이라고 하겠다. 게다가 스에쓰무하나의 용모는 추녀라고 해야 할 정도로, 그런 그녀가 주로 남성이 입는 담비털 가죽옷을 입고 있는 모습은 우스꽝스럽다고 할 수 있다. 이 담비털 가죽옷은 겐지가 스마(須磨)에 유리(流離)되어 다시 돌아온 후 그의 도움으로 니조히가시노인(二条東院)에 살게 된 스에쓰무하나의 입을 통해 다시 등장한다. 정월 2일에 니조히가시노인을 방문한 겐지는 추운 듯이 떨고 있는 스에쓰무하나를 보면서 옷과 음식 등 필요한 것이 있으면 자신에게 편하게 이야기하라고 말한다. 이에 대해 그녀는 담비털 가죽옷을 오빠가 가져갔다(皮衣をさへとられにし後寒くはべる(③154))고 대답한다. 이렇게 옛 것을 고집하는 스에쓰무하나의 성격은 스마로 간 겐지를 잊지 않고 한결같이 기다린 그녀의 성격과도 관련이 있다. 고풍스러운 아가씨인 스에쓰무하나는 스마로 간 겐지에게 잊혀져 궁핍한 생활을 이어간다. 그녀의 숙부가 다자이노다이니(大宰大弐)가 되어 지쿠시(筑紫)로 가게 되자 숙모는 그녀도 함께 동행하자고 하지만 이를 거부하고 오로지 겐지를 기다린다. 궁핍한 생활 속에서 과거의 영광을 상징하는 아버지의 유품에 집착하는 스에쓰무하나는 우스꽝스럽기는 하지만 그러한 옛 것을 소중히 하는 변하지 않는 마음이 사실은 겐지의 마음을 움직이게 하였다.

직접 심으신 것은 아니지만 <u>소나무</u>가 자란 세월을 생각하시니 가슴이 저며오고 그 사이에 있었던 꿈과 같은 신상의 변화를 생각하시지 않을 수 없었다.

등나무꽃이 물결치는 것을 내가 지나칠 수 없었던 것은 그것이 휘감고 있는 소나무가 나를 기다리고 있는 집의 표식이었기 때문이구나.

ひき植ゑしならねど、<u>松</u>の木高くなりにける年月のほどもあはれに、夢のやうなる御身のありさまも思しつづけらる。

藤波のうち過ぎがたく見えつるはまつこそ宿のしるしなりけれ

(②351)

인용문의 소나무 '松'(밑줄부분)는 기다린다는 의미의 '待つ'의 가케고토바(掛詞)로, 스에쓰무하나가 겐지를 기다린 것에 대한 감동이 담겨 있다. 특히 소나무가 자라는 사이에 스마 유리를 경험한 겐지로서는 시절의 변화에 따라 쉽게 변하는 세상 사람들의 마음을 잘 알고 있었기 때문에 그와는 정반대의 기질을 가진 스에쓰무하나의 마음에 감동한 것이다. 즉 스에쓰무하나의 이야기에서 발해에서 온 담비털 가죽옷은 젊은 여성에게는 어울리지 않는 것이지만, 그녀의 변함없는 마음을 상징하는 물품으로 사용되고 있는 것이다.

또한 스에쓰무하나의 이야기에서 보이는 발해의 물품을 중시하는 경향은 옛 것을 중시하는 『겐지모노가타리』의 상고정신(尙古情神)과도 연결되어 있다. 「우메가에(梅枝)」 권에는 다음과 같은 발해와 관련된 물품이 소개되고 있다.

108

(3) 정월 말로 공사 모두 한가한 때여서 향을 조합하신다. (다자이노다이니가) 헌상한 여러 향목을 보시고는 요즘 것들은 역시 옛 것에 비교가 안 된다고 생각하시고 니조인의 창고를 열게 하시어 당나라에서 건너온 물품을 여러 가지 가져와서 (다자이노다이니 것과) 비교해 보시고는 '향뿐만 아니라 비단과 여러 가지 무늬를 넣은 비단도 역시 옛 것이 좋은 느낌으로 질도 좋다.'라고 말씀하셨다. (아카시노 히메기미의) 주변에서 사용하시는 도구류의 덮개, 깔개, 시토네 등의 가장자리를 보강한 것들도, <u>기리쓰보천황 재위 초기에 발해인이 헌상한 비단과 심홍색의 면 등도 요즘 것과는 비교도 안 된다.</u> 이것저것 보시고는 적당한 것을 뇨보들에게 골라서 나눠주신다. 향목은 옛 것과 요즘 것은 갖춰놓으시고 (로쿠조인의 여성 등에게) 나눠 주셨다. '향을 두 종류씩 조합해 주세요'라고 부탁하신다.

　　正月のつごもりなれば、公私のどやかなるころほひに、薫物合わせたまふ。大弐の奉れる香ども御覧ずるに、なほいにしへのには劣りてやあらむと思して、二条院の御倉開けさせたまひて、唐の物ども取り渡させたまひて、御覧じくらぶるに、「錦、綾なども、なほ古き物こそなつかしうこまかにはありけれ」とて、近き御しつらひのものの覆ひ、敷物、褥などの端どもに、<u>故院の御世のはじめつ方、高麗人の奉れりける綾、緋金綿どもなど、今の世の物に似ず、</u>なほさまざま御覧じ当てつつせさせたまひて、このたびの綾、羅などは人々に賜す。香どもは、昔今の取り並べさせたまひて、御方々に配りたてまつらせたまふ。「二種づつ合はせさせたまへ」と聞こえさせたまへり。(③103~104)

「우메가에」권은 아카시노 히메기미(明石の姫君)의 입궁을 앞두고 성인식인 모기(裳着)의 의식을 준비하고 치루는 것이 주된 내용으로 되어있다. 정월의 한가한 때에 겐지는 향의 조합을 겨루는 것을 생각해 내시고 아사가오노 히메기미(朝顔の姫君)를 비롯하여 로쿠조인(六条院)의 여성들에게 당나라에서 건너온 옛 향목과 다자이노다이니가 헌상한 요즘 것들을 함께 나눠준다. 요즘의 향목이란 다자이후를 통해서 들어온 외국물품을 가리킨다. 여기에서는 지금의 것보다 옛 것이 훌륭하다는 상고정신이 드러나 있는데 그중에는 당나라와 함께 발해에서 들어온 물품이 포함되어 있는 것에 주목하고자 한다(밑줄부분). 앞서 살펴본 스에쓰무하나의 이야기 속에서도 상고정신과 함께 발해의 물품이 언급되었던 것을 고려하면, 『겐지모노가타리』에서는 발해의 물품을 이야기의 적재적소에 활용하면서 그 가치를 높이 평가하고 있다는 것을 알 수 있다.

이상과 같이 발해의 물품은 『우쓰호모노가타리』에서는 나카타다의 상류귀족으로서의 위치를 가늠하게 하는 척도로 활용되고, 『겐지모노가타리』에서는 상고정신과 함께 옛것을 소중히 여기고 시류에 흔들리지 않는 인간의 마음을 나타내는 매개체로 사용되고 있다. 발해의 물품이 이야기에 삽입되어 등장인물의 지위나 특징, 그리고 작품의 중요한 주제를 드러내는 역할을 하고 있다는 것이다.

4. 발해의 위상과 히카루 겐지(光源氏)의 영화

『겐지모노가타리』에서 발해인이 등장하는 것은 작품의 시작을 알리는 「기리쓰보(桐壺)」 권에서이다. 기리쓰보노 고이(桐壺更衣)가 죽고 이렇다 할만한 후견인도 없는 겐지의 앞날을 걱정하는 아버지 기리쓰보 천황은 발해에서 온 관상가에게 겐지를 보여준다.

(4) 그 무렵 일본에 온 발해인 중 훌륭한 관상가가 있다는 것을 천황이 들으시고, 궁중에 외국인을 들이는 것은 우다 천황이 금하셨기 때문에 특히 내밀하게 이 어린황자를 홍려관으로 보냈다. 후견이라는 자격으로 어린황자를 모시는 우다이벤이 자신의 아이처럼 대하며 데리고 갔는데 관상가는 놀라서 몇 번이나 고개를 갸우뚱거리며 이상하게 여긴다. ① '나라의 부모가 되어 제왕이라는 자리에 오를 상을 가진 분인데 그러한 분으로 보면 세상이 어지러워져 백성이 괴로워하는 일이 있을지도 모릅니다. 단 조정의 중추가 되어 천하의 정치를 보좌하는 분으로 판단하면 또 그 상은 맞지 않는 듯 합니다'라고 한다. 우다이벤도 사실 학문의 재능이 훌륭한 박사로 발해인과 나눈 여러 가지 대화는 정말이지 흥미로운 것이었다. 한시 등도 서로 만들어서 오늘 내일이라도 귀국하려고 할 때에 이와 같은 보기 드문 사람과 만날 수 있었던 기쁨, 그러나 그만큼 오히려 작별도 슬플 것이라는 취지를 재미있게 시로 만들고, 어린 황자도 깊은 감흥을 느낄 수 있는 시구를 만드셨기 때문에 상내방노 더 할 나위없을 정도로 칭찬하며 ② 여러 가지 훌륭한 선물을 헌상하였다. 조정에서도 많은 물품을 발해인에게 주었다.

そのころ、高麗人の参れる中に、かしこき相人ありけるを聞こしめ

111

して、宮の内に召さむことは宇多帝の御誡あれば、いみじう忍びてこの
皇子を鴻臚館に遣はしたり。御後見だちて仕うまつる右大弁の子のやう
に思はせて率てたてまつるに、相人おどろきて、あまたたび傾きあやし
ぶ。「①　国の親となりて、帝王の上なき位にのぼるべき相おはします人
の、そなたにて見れば、乱れ憂ふることやあらむ。朝廷のかためとなり
て、天の下を輔くる方にて見れば、またその相違ふべし」と言ふ。弁
も、いと才かしこき博士にて、言ひかはしたることどもなむいと興あり
ける。文など作りかはして、今日明日帰り去りなむとするに、かくあり
がたき人に対面したるよろこび、かへりては悲しかるべき心ばへをおも
しろく作りたるに、皇子もいとあはれなる句を作りたまへるを、限りな
うめでたてまつりて、②　　いみじき贈物どもを捧げたてまつる。朝廷よ
りも多くの物賜す。(①39~40)

　　겐지의 관상을 본 발해인 관상가는 천황이 될 상이지만 그럴 경우
백성이 괴로워할 일이 생길 수 있고 그렇다고 해서 신하로서 조정을
조력하는 상은 아니라고 말한다. 그 후 발해인과 겐지는 한시를 주고
받는데 이 장면은 앞서 살펴본 미치자네 등과 발해사의 한시 응수를
상기시킨다. 발해인과의 한시 응수는 겐지의 재능을 뒷받침하는 요소
로 작용하고 있는 것이다.[22] 이러한 예언의 내용을 기리쓰보 천황은
일본의 관상가에게도 이미 들은 바가 있고, 후에 별자리로 점을 보는
숙요(宿曜)에 정통한 사람을 통해서도 같은 내용을 듣는다. 그러나 작
품은 발해인의 예언을 중심에 놓고 기리쓰보 천황이 겐지의 장래를
결단하도록 한다는 점에 유의해야 할 것이다. 기리쓰보 천황에게는

---

22 김효숙, 앞의 논문, p.368.

겐지의 장래를 선택할 수 있는 세 가지 선택지가 있었는데 ① 위계(位階)가 있는 친왕(親王)으로 만드는 방법, ② 위계가 없는 무품(無品) 친왕으로 만드는 방법, ③ 신하로 만드는 방법이었다. ①의 경우는 천황이 될 가능성이 있으나 예언대로라면 나라가 어지러워질 수 있고, ②의 경우는 든든한 후견인이 없는 겐지가 의지할 데 없는 인생을 보내게 될 수 있기 때문에 현실적으로는 피해야 했다. 따라서 기리쓰보 천황은 ③을 선택할 수밖에 없었다. 그러나 사실 이 선택은 예언과는 일치하지 않는다. 예언의 후반부의 내용은 신하로서만 있을 인물은 아니라는 것으로, 이러한 예언과 현실의 불일치가 바로 겐지의 인생이 앞으로 어떻게 전개될지를 독자들로 하여금 궁금하게 하고[23] 이야기를 움직이게 하는 역할을 하게 된다. 즉 신하가 된 겐지가 천황은 아니지만 어떻게 제왕의 위치로 올라갈 것인가 하는 점이 이야기를 전개시켜 나가는 원동력이 되는 것이다. 이를 증명하듯이 위의 인용문 바로 다음 장면에서는 후지쓰보(藤壺)가 입궁을 하게 된다. 겐지와 후지쓰보의 밀통, 그로 인해 탄생한 아이가 후에 레이제이 천황(冷泉天皇)이 되어 겐지의 영화가 실현되었다는 점을 감안하면 발해인의 예언은 바로 이야기의 본격적인 시동을 알리는 것이라고 할 수 있다. 이와 같이 모노가타리 안에서 발해인의 예언은 권위를 지니며 이야기를 끌어나가는 방법으로 활용되고 있다.

또한 「기리쓰보」 권의 마지막 부분에서는 발해인이 겐지에게 '히카

---

23 김종덕, 「古代文學에 나타난 예언과 物語의 作意—『源氏物語』를 중심으로」, 『일본사상』1호, 1999, pp.73~74.

루기미(光る君)'라는 이름을 붙였다는 서술이 나온다. 이름을 붙이는 행위는 작품 속에서 주인공의 존재가치를 부여하는 행위이기도 하다. '빛나는 님'이라고 히카루 겐지를 발해인이 명명했다는 것은 그가 외국사절의 눈에도 보통 인물이 아님을 입증하는 동시에 발해인의 명명이 그만큼 권위를 가지고 있었다는 것을 의미하기도 한다.

위의 본문(4)의 발해인 관상가가 다시 등장하는 것은 「우메가에」 권에서이다. 앞서 인용한 본문(3)의 밑줄부분 '기리쓰보 천황 재위 초기에 발해인이 헌상한 비단과 심홍색의 면 등도 요즘 것과는 비교도 안 된다.'라는 서술은 본문(4)의 밑줄부분② '여러 가지 훌륭한 선물을 헌상하였다.'라는 부분과 호응한다. 그렇다면 왜 이러한 서술이 다시 「우메가에」 권에 등장하는지를 살펴볼 필요가 있겠다. 앞서 설명했듯이 「우메가에」 권에서는 겐지의 친딸인 아카시노 히메기미의 입궁을 앞두고 그녀의 성인식이 치러지고 있다. 그러한 시기에 겐지만이 가지고 있는 외국의 진귀한 옛 물품이 거론되고 그것을 여성들에게 나누어 주는 행위는 사가천황이 한 가라모노교란을 연상시킨다.24 이와 같이 외국의 물품을 검분하고 배분하는 행위는 천황에게만 가능한 것이었다. 이러한 겐지의 천황을 방불케 하는 행위를 필두로 그의 문화적 권위를 증명하는 장면이 이어지는데 명필을 엮은 서적을 모으고 여성의 가나에 대해서 논하기도 하며, 남성의 필적을 비평하고 있다. 그리고 이 권의 마지막에서는 겐지의 친구이자 라이벌이기도 한 나이다이진(內大臣)이 자신의 딸인 구모이노카리(雲居雁)의 입궁도 성사되지 않

---

24 皆川雅樹, 「九~十世紀の「唐物」 と東アジア」, 『人民の歴史学』166, 2005, pp.1~11.

고 겐지의 아들인 유기리(夕霧)와의 결혼도 미지수인 상태라는 점이 대조적으로 그려지고 있다. 현 천황인 레이제이 천황의 치세뿐만 아니라 아카시노 히메기미가 동궁과 결혼하게 된 것은 겐지의 영화가 다음 세대에도 보증되는 것을 의미하여 나이다이진과 비교해도 압도적인 우위에 있는 그의 정치적인 입장이 드러난다. 「우메가에」권의 다음 권인 「후지노우라바(藤裏葉)」권에서 아카시노 히메기미는 동궁과 결혼하고 겐지는 준태상천황(准太上天皇)의 자리에 오르게 된다.

이와 같이 겐지의 딸인 아카시노 히메기미의 입궁을 시작으로 그가 영화의 정점에 오르기까지의 과정을 서술해 나가는 두 개의 권25의 가장 첫 장면에 발해인이 헌상한 물품과 그것을 분배하는 장면을 위치시킨 것은 우선 발해인의 예언을 상기시키는 역할을 한다. 뿐만 아니라 이러한 이야기의 구조는 예언대로 겐지가 사실상 유래가 없는 준태상천황이라는 제왕에 준하는 자리에 오르게 될 것을 암시한다. 이와 같이 이 작품은 발해인의 예언이라는 권위를 충분히 활용하여 그 예언이 실현되는 과정, 즉 겐지가 영화에 이르는 이야기를 구성해 내고 있다. 즉 발해에 대해서 당시 일본인들은 문화 선진국으로서의 권위를 느끼고 있었고 이것이 문학작품 속에서 중요한 모티브로서 활용되고 있는 것이다.

---

25 「우메가에」권의 바로 앞 권인 「마키바시라(真木柱)」권에서는 다마카즈라주조(玉鬘十帖)의 주인공인 다마카즈라의 결혼과 출사(出仕) 등의 내용이 전개되고 있다.

5. 맺음말

　　발해와 관련된 기록과 서술은 사료뿐만 아니라 발해와 일본 문인들의 한시문을 통한 교류, 그리고 발해와의 교역에 의한 물품의 전래와 관련된 부분에서 찾아볼 수 있다. 특히 한시나 모노가타리 작품 속에서는 사료에서는 드러나지 않는 당시 일본인들의 발해, 특히 그들의 문화에 대한 인식이 드러나고 있으며, 이것은 문학작품 속에서 등장인물의 특징과 주제를 드러내는 역할을 하고 있다.

　한시를 통한 교류 중에서는 882년에 일본에 도착해서 이듬해에 귀국하는 제30차 발해사 배정과 스가와라노 미치자네, 시마다노 다다오미의 예를 살펴보았다. 일본을 대표하는 문인들이 배정의 뛰어난 재능에 탄복하고 그에 뒤지지 않기 위해 사전 협의를 하는 등 당시 일본이 발해의 문화적 우수성을 의식하고 있었다는 것을 알 수 있다. 이러한 당대의 발해에 대한 평가는 발해의 멸망으로 교류가 끊긴 후 100년 지난 후에도 여전히 이어지고 있었다. 일본의 문인들의 활약상을 적은 『고단쇼』에는 그들의 상대로 발해의 문인이 등장하고 있다는 점에서 발해가 상당히 오랜 기간 동안 우수한 문화를 상징하는 기준으로 인식되었다는 점이 드러난다. 이와 같은 발해사와의 한시교류는 허구인 모노가타리 문학에도 이어져, 발해사와 한시문을 주고받는 능력이 주인공의 재능을 보증하는 매개로 활용되고 있었다.

　또한 모노가타리 문학에서는 발해의 물품이 작품의 주인공의 위치와 지위를 보증하는 것으로, 이야기를 전개해 나가는 방법으로, 그리고 작품의 주제 중 하나인 상고정신을 뒷받침하는 요소로 활용되고 있다.

116

발해와 일본의 교류기간은 200년이 채 안 되었지만 일본인에게 발해인들이 미친 영향은 문화의 곳곳에 침투되어 모노가타리 문학 등 일본 문화를 만들어내는 하나의 밑거름이 되고 있다는 것을 알 수 있다.

본고는 「헤이안 시대 문학작품에 나타난 발해에 대한 인식과 그 영향」, 『아시아 문화연구』55집, 2021. 4의 논문을 일부 수정한 것임

참고문헌

단행본

阿部秋夫・秋山虔他 校注, 新編日本古典文学全集『源氏物語』①~③, 小学館, 1994~1996.

東野治之, 『遣唐使と正倉院』, 岩波書店, 1992.

川口久雄校注, 日本古典文学大系『菅家文草　菅家後集』, 岩波書店, 1988.

河添房江, 河添房江, 『光源氏が愛した王朝ブランド品』, 角川選書, 2008.

河添房江, 『唐物の文化史』, 岩波新書, 2018.

北村季吟, 『源氏物語湖月抄』上, 講談社学術文庫, 2001.

後藤昭雄外編, 新日本古典文学大系『江談抄　中外抄　富家語』, 岩波書店, 2008.

中野幸一　外 校注, 新編日本古典文学全集「うつほ物語」 ②, 小学館, 2003.

中村璋八・島田伸一郎, 『田氏家集全釈』, 汲古書院, 1992.

논문

김종덕, 「古代文學에 나타난 예언과 物語의 作意—『源氏物語』를 중심으로」, 『일본사
　　　상』1호, 1999.

김효숙, 「일본고전문학에 나타난 발해의 형상」, 『동아시아고대학』제34집, 2014.

石母田正, 「古代における国際認識について」, 『思想』454, 1962.

河添房江, 「上代の舶載品をめぐる文化史」, 『アジア遊学147　唐物と東アジア』, 勉誠出
　　　版, 2011.

酒寄雅志, 「渤海の交易—朝貢・互市、そして三彩」, 佐藤信編, 『日本との古代史』, 山川
　　　出版社, 2003.

田中隆昭, 「渤海使と日本古代文学」, 田中隆昭監修, 『アジア遊学　別冊』2, 2003.

皆川雅樹, 「九~十世紀の「唐物」と東アジア」, 『人民の歴史学』166, 2005.

森公章, 「賓礼の変遷から見た日渤関係をめぐる一考察」, 『日本と渤海の古代史』, 山川出
版社, 2003.

자료

「中國哲學書電子化計劃」https://ctext.org/shi-shuo-xin-yu/wen-xue/zh#n90997(검색
일: 2021. 01. 12)

2부
영상과 소리

일본 고대의 한류와 그 특이성

고려악(高麗樂)의
고구려계 악무를
중심으로

박태규(朴泰圭)

1. 머리말

'한류'란 한국의 대중문화가 외국에서 대중성을 지니게 된 것을 의미하는 말로, 초기의 아시아 중심에서 현재는 전 세계로 그 권역이 확대되었다. 그러면서 동시에 한류에 관한 연구 또한 빠르게 진행되어, 한류를 키워드로 한 학위논문이 2020년 현재 3200편[1] 넘게 검색될 정도로 다양한 연구가 진행되고 있다.

일반적으로 한류가 본격적으로 세계무대에 등장하게 된 것은 2000년대 이후라 할 수 있다. 대표적인 것이 일본과 대만 등에서 큰 반향을 불러일으킨 겨울연가, 대장금 등의 TV드라마로, 이것들의 성공으로 인해 한국을 방문하는 관광객이 증가하는 현상까지 벌어졌다. 이후, 한류는 TV드라마는 물론 BTS로 대변되는 K-Pop과 영화 등, 대중문화의 전반에 걸쳐 세계의 이목을 집중시키며 오늘에 이르고 있다.

그런데 한 가지 흥미로운 것은 오늘날의 열풍에 뒤지지 않을 만큼 영향력을 지닌 한류가 고대시기에 이미 중국과 일본에서 유행하고 있었다는 점이다. 일례로 중국의 수·당 시대에는 고구려의 고려기(高麗伎)가 칠부기와 구부기, 십부기에 각각 편입되어 있었다. 펑솽바이(馮雙白) 등의 『중국무용변천사』에 의하면 고려악은 이미 북연(北燕, 407~436) 시대에 중국에 전해져 특히 당나라 때에 널리 펴졌다고 하는데,[2] 이상과 같은 상황을 반증하듯 이백(李白)은 시 〈고구려〉를 통해 '금화달린

---

1 2020년 12월 23일 Riss 검색결과 '한류'를 키워드로 한 학술논문이 6087편, 학위논문이 3234편 검색되었다.
2 펑솽바이 외 저, 강영순 외 옮김, 『중국무용사』, 민속원, 2016, 185쪽 참조.

절풍모 쓰고서, 백마들은 천천히 도누나, 펄럭이는 너른 옷소매, 해동에서 날아온 새인가(金花折風帽, 白馬小遲回, 翩翩舞廣袖, 似鳥海東來)'3라고 노래하였다.

물론 중국에 비해 한류의 열풍이 한층 강했던 곳은 일본이다. 일본에서는 고마부에(高麗笛)4, 고마이누(狛犬)5, 고마니시키(狛錦)6, 고마쓰루기(狛劍)7 등 좁게는 고구려, 넓게는 한반도를 의미하는 '박(狛)' 내지는 '고려(高麗)'가 붙은 단어가 오늘날까지 사용되고 있다. 이것은 역사상 궁중문화는 물론 일반인들의 생활에까지 한류가 영향을 미쳤음을 의미하는 것인데, 이 중 특히 궁중악무에 포함된 고려악(高麗樂)은 1000년 이상의 장구한 시간을 지나 오늘날까지 고대 한류의 실체로서 전승되고 있다.

본고에서는 이러한 고려악 중 특히 고구려계 악무를 중심으로 일본에서의 고대 한류와 그 성격에 관해 살펴보고자 한다. 주지하는 바와 같이 고려악이란 일본의 궁중악무 중 우방악으로서 고구려, 백제, 신라, 발해의 악무를 포괄하는 것이다. 일본은 나라시대(奈良時代) 말기까지 외래문화를 조건 없이 받아들이고 찬양하던 시기로8, 한반도는 물론 중국으로부터 다양한 악무 문화를 수용하였다. 그리고 결과적으로 당악(唐樂)과 고려악으

---

3 평샹바이 외 저, 강영순 외 옮김, 『중국무용사』, 민속원, 2016, 185쪽, 재인용.
4 일본의 아악(雅樂)에 사용되는 관악기 중 하나.
5 일본의 신사나 절 등의 입구에 조각되어 있는 상상의 동물로 수호의 능력이 있다고 여겨짐.
6 한반도에서 건너온 한반도 풍의 비단.
7 한반도 풍의 검.
8 河竹繁俊, 『日本演劇全史』, 岩波書店, 1959, p.40.

로 구성된 궁중악무를 완성하기에 이르는데, 당시 고려악은 최첨단의 무
대 예술이면서 동시에 한류 문화의 최전선이나 다름이 없었다. 현재 고려
악은 총 38개 악곡명이 전하고 있다. 그중 한반도 및 발해에서 전해진 것
은 32곡으로, 나머지 6곡은 일본에서 창작하거나 혹은 원래 당악이었던
것이 고려악으로 재편된 것이다.[9] 그리고 다시 한반도 및 발해에서 전래
된 32곡을 세분화하면 고구려악이 〈다이소토쿠(退宿德)〉, 〈신소토쿠(進宿
德)〉, 〈고마보코(狛鉾)〉, 〈고마이누(狛犬)〉, 〈고마류(狛龍)〉, 〈조보라쿠(長
保樂)〉, 〈기칸(吉簡)〉의 7곡, 백제계가 〈오닌테이(王仁庭)〉와 〈신소리코(進
蘇利古)〉의 2곡, 신라계가 〈소시모리(蘇志摩利)〉와 〈나소리(納曾利)〉의 2곡,
발해계가 〈아야기리(綾切)〉, 〈신토리소(新鳥蘇)〉, 〈고토리소(古鳥蘇)〉, 〈지
큐(地久)〉, 〈신마카(新靺鞨)〉의 5곡이다.[10] 나머지는 출처가 불분명하다.

이하에서는 고대 일본의 한류를 이해하고 또한 정체성을 부여한다
는 의미에서, 당시 고려악 중 비교적 많은 비중을 차지한 고구려악을
중심으로 한류로서의 그것들의 성격과 특이성 등에 관해 고찰해 보고
자 한다.

---

9 전덕재, 『한국 고대음악과 고려악』, 학연문화사, 2020, p.258.
10 일본 고려악의 악곡별 세부 계열에 관해서는 일부 이견이 공존한다. 일례로 전덕
    재가 위의 연구에서 〈다이소토쿠〉와 〈신소토쿠〉를 고구려계로 분류한 반면 오
    쓰기 주덴(大槻如電)은 『新訂舞樂圖説』(六合館, 1905)에서 발해악으로 분류하였다.
    뿐만 아니라 〈아야기리(綾切)〉의 경우 전덕재가 고구려악으로 분류한 반면 오쓰
    기 조덴과 박태규(『일본궁중악무담론』, 민속원, 2018)는 발해악으로 분류하였다.
    본 연구에서는 기본적으로 전덕재의 의견을 참조하되 〈아야기리〉의 경우는 발해
    악으로 이미 연구를 진행한 바 고구려계 악곡에서 제외하였다. 또한 고려악의 세
    부 계열에 관해서는 한일 양국에서 이미 기초연구가 진행된 까닭에 본고에서는
    선행연구의 성과에 기초해 고구려계 악무의 연구를 진행하였다.

2. 일본 고려악의 고구려계 악무

상기한 바와 같이 고려악 중, 고구려악으로 분류되고 있는 것은 〈다이소토쿠〉와 〈신소토쿠〉, 〈고마보코〉, 〈고마이누〉, 〈고마류〉, 〈조보라쿠〉, 〈기칸〉의 7개 악곡이다. 먼저 〈신소토쿠〉와 〈다이소토쿠〉에 관해 살펴보면 다음과 같이 기록되어 있다.

『교훈초(教訓抄)』
신소토쿠(進宿徳)

가면, 무시(牟子). 대곡. 이것은 '신소토쿠(進走禿)'라고 한다. 박자 20, 일설에는 21. 무간박자 290, '와카마이(若舞)'라고 한다. (중략) 가면은 붉은 색에 눈썹은 검다. 이 춤도 아와세가이(合肘)의 동작이 있다. (무대를) 건너갔다 돌아오면 박자를 더한다. 기노씨(紀氏) 이야기에는 앞으로 달려 전진해 오른쪽 어깨를 가리키며 오치이루(落居) 동작이 있었으나 근래에는 전해오지 않는다. (이하생략)[11]

『교훈초』
다이소토쿠(退宿徳)

다이소토쿠. 가면, 무시(牟子). 대곡이다. 이것을 '다이소토쿠(退走禿)'라고도 한다. 박자 16설, 13설이 있다. 무간박자 200. '오이마이(老舞)'라고 한다. (중략) 피부색 가면으로 눈썹은 흰색이다. 이것도 아와세가이(合肘), 와타루(渡)의 춤동작이 있다. (중략) 기노씨(紀氏)의

---

11 『教訓抄』(5): "有面牟子　大曲。謂之進走禿。拍子二十一説廿一。舞間拍子二百九十。若舞云。此曲ノ様申タル物ナシ。世人ワカマヒト申タリ。面赤眉黒。此舞モ合肘ノ舞ナリ。渡カヘリヌレバ加拍子。紀氏物語云、前ヘ進ミ走テ、右ノ肩ヲ指シテ、落居手ヲ、中古マデ舞侍ケルヲ、近来、舞ウシナハレテ候也。"

전하는 바에 따르면 이 곡의 후반부에 물러나 달려가 좌우를 보는 동작이 있는데 중고(中古)에 단절되었다. 이런 동작으로 인해 '다이소토쿠(退走禿)'라는 악곡명이 생겨나게 되었다.(이하 생략)[12]

『舞樂圖』의 〈進宿德〉

〈신소토쿠〉에 관한 기록은 『왜명류취초(倭名類聚抄)』 『습개초(拾芥抄)』 『악가록(樂家録)』 『용명초(龍鳴抄)』 『인지요록(仁智要録)』 『무악요록(舞樂要録)』 등에 남아있다. 상기한 것은 『교훈초(敎訓抄)』의 기록으로 이것에 의하면 먼저 〈신소토쿠〉는 가면과 무시(牟子)를 착용하며 일명 '와카마이(若舞)'라고 한다. 박자는 20 내지 21에, 무간박자는 290이다. [13] 특히 가면은 붉은 색에 검은 눈썹을 지니고 있으며 앞으로 나가는 동작과 아와세가이(合肘) 등의 동작이 있었다. 아와세가이는 두 발을 벌리고 두 팔을 크게 펴서 앞쪽으로 모으는 동작을 말한다. 마찬가지로 〈다이소토쿠〉에 관하여는 『왜명류취초』 『악가록』 『용명초』 『인지요록』 『교훈초』 『체원초(體源抄)』 『무악요록』 『엄유원전어실

---

12 『敎訓抄』(5); "有面牟子 大曲。謂之退走禿。拍了丨大、一説十三、舞間拍子二白。老舞云。此舞樂ノ事、委シルセルコトナシ。世人ヲヒ舞卜云。人色ノ面眉白シ。コレモ合肘ノ舞ナリ。渡事アリ。(中略)紀氏口傳云、此曲後ヘ退走、左右見、上見事、向後合ニテ、中古マデハ舞侍ケレドモ、今世ニハ、ソノ手舞絶タリ。此手ノユヘニコソ、退走禿卜ハ名付テ侍ナレ。"
13 박자의 숫자는 곡 중 다이코(太鼓)를 치는 횟수를 의미하며, 무간박자의 숫자는 춤을 추는 동안 다이코를 치는 횟수를 의미한다.

129

기(嚴有院殿御實紀)』 등에 그 기록이 남아있다. 이것들에 의하면 〈다이소토쿠〉는 '퇴숙덕(退宿德)' 또는 '퇴주독(退走禿)' 등으로 표기되고 있다. 가면과 무시를 착용하며 일명 '오이마이(老舞)'라고 한다. 박자는 16 내지는 13, 무간박자는 200이다. 가면은 피부색에 흰 눈썹을 지니고 있으며 〈신소토쿠〉와는 반대로 뒤로 물러나는 동작 외에 아와세가이(合肘), 와타루(渡) 등이 있었다고 한다. 와타루란 춤을 추면서 무대의 반대편으로 이동하는 것을 말한다. 상기한 『교훈초』에는 악곡명 앞에 '진(進)'과 '퇴(退)'가 붙은 것은 각각 전진과 후진하는 동작이 있었기 때문이라고 기록되어 있다. 이 외에도 〈신소토쿠〉와 〈다이소토쿠〉는 각각 '와카마이'와 '오이마이'로 불리는 등, 서로 대칭되는 면을 보여주고 있다.

한편, 두 악곡에서 특히 주목되는 것은 그것에 사용되는 가면이다. 언급한 바와 같이 두 악곡은 모두 가면을 착용한다. 그런데 『무악도(舞樂圖)』의 그림을 자세히 살펴보면 이것들은 모두 심목고비(深目高鼻)로 서역인의 형상을 하고 있다. 이하 3장에서 자세히 살필 예정이지만 〈신소토쿠〉와 〈다이소토쿠〉에 사용된 서역형 가면은 이들 악곡의 성격 및 특이성 등을 도출하는 데 중요한 단서가 될 수 있다. 오늘날 두 악곡은 『명치찬정보(明治撰定譜)』에 그 무보(舞譜)가 남아있으며, 〈신소토쿠〉의 경우는 2017년 노기신사(乃木神社) 관현제에서 공연된 바 있다.

『교훈초』

기칸(吉簡)

박자 12. 조물(早物). 당
박자(唐拍子)를 친다.

스모절(相撲節) 때 '겐키
코다쓰(劍氣褌脫)'의 번무로
이것을 연주한다. 무원이
나올 때는 난성(亂聲)을 분

『舞樂圖』의 〈退宿德〉

다. 뛰어 다닌다. 왕 2인, 시종 20인. 중심 부분에서는 춤을 추며
물러났다 들어왔다 한다. (중략)스케타다(資忠)의 기록에 의하면 우
근부생(右近府生)이 이것을 춘다. 스모절 때 사루가쿠(猿樂)의 답무
이다. 사루가쿠 등이 출현해 각각 재주를 선보이고 들어간다. 퇴
출음성은 조게이시(長慶子)를 연주한다. 또한 여가(呂歌) 〈힘없는
개구리(無力蝦)〉[14]와 어울린다고 한다. 이 곡은 비곡(祕曲) 중의 비
곡이다.[15]

〈기칸〉에 관해 기록한 문헌으로는『습개초』『악가록』『가무잡식(歌
儛雜識)』『인지요록』『교훈초』『서궁기(西宮記)』등이 있다. 이들 문헌
중『교훈초』에 의하면 〈기칸〉은 박자 12에 조물(早物), 즉 다소 경쾌

---

14 〈無力蝦〉는 여가(呂歌)와 율가(律歌)로 이루어진 고대 가요(歌謠) 사이바라(催馬樂)
   의 한 곡으로 가사는 '힘없는 개구리, 힘없는 개구리, 뼈 없는 지렁이, 뼈 없는 지
   렁이(力なき蝦、力なき蝦、骨なき蚯蚓　骨なき蚯蚓)'로 되어 있다.

15『教訓抄』(5): "拍子十二。早物。打唐拍子之。相撲節ニ、劍氣褌脫ニ對シテ奏此曲。舞出
   間吹亂聲。走廻。王二人、番從廿人。吹樂時乙躍退入。(중략)資忠記云、右近府生舞
   之。相撲節猿樂後舞也。猿樂等出現シテ、各思々之ホヲワザヲシテ入シ。退出音聲、奏長
   慶子。又、呂歌無力蝦ニ合ト申タリ。此曲、極秘曲ナリ。"

한 리듬의 악곡에 해당한다. 또한 박절(拍節)은 당박자(唐拍子)를 사용하는데, 당박자는 1소박자(小拍子)가 2박으로, 2소박자를 1단위로 한다. 또한 〈기칸〉은 〈겐키코다쓰(劍氣褝脫)〉의 번무로 공연되었으며 무원이 나올 때 난성(亂聲)을 연주한다. 난성은 후에(笛), 다이코(太鼓), 쇼코(鉦鼓)로 연주하는 무박절 곡이다. 무원은 총 22인으로 구성되어 왕이 2인 시종이 20인이다. 반면 당대 최고의 유명 악인(樂人)이었던 오노 스케타다(多資忠, 1046-1100)의 기록에 의하면 〈기칸〉은 스모절(相撲節) 때 사루가쿠(猿樂)의 답무로 공연되었으며 이것을 연행한 것은 주로 우근부생(右近府生)이었다고 한다. 사루가쿠(猿樂)란 일련의 잡다한 예능(雜藝)으로, 출연자 각각이 가벼운 재주를 선보이는 것을 말한다. 그렇기 때문에 〈기칸〉 또한 사루가쿠와 유사한 성격의 악곡이었을 것으로 추측된다. 그런데 한발 더 나아가 『무악요록』에 덴교(天慶) 6년인 943년 스모절 당시 '잡예(雜藝)'의 번무로 '걸한(乞寒)'이 연행되었다고 기록[16]되어 있다. 여기서 잡예란 다른 말로 사루가쿠를, 걸한은 〈기칸〉을 의미하는 것으로 보인다. 그리고 이와 맥을 같이하여 아라이 하쿠세키(新井白石)의 『악고(樂考)』에는 〈기칸〉은 곧 '걸한희(乞寒戱)'라고 기록되어 있다.[17] 걸한이란 문자 그대로 추위를 구하는 것으로, 고대 당시 서역에서는 추위를 구하는 대규모 행사를 진행하였다.[18] 그리고 이때는 많은 이들이 각종 기예를 펼치기도 하였다. 따라서 〈기칸〉은 경

---

16 『舞樂要錄』: "拔出七月廿八日　左○中略雜藝　右○中略乞寒"

17 『樂考』: "又作若干吉間唐の世夷部乞寒戱"

18 일본의 〈기칸〉과 서역의 걸한희 등에 관해서는 전덕재, 『한국 고대음악과 고려악』, 학연문화사, 2020, pp.302~334 참조.

희잡극(經喜雜劇)의 일종으로 20여 명의 비교적 많은 인원이 참여하였던 것으로 보인다. 하지만 오늘날 〈기칸〉은 전승이 단절되어 전하지 않는다. 다만 『무악요록』에 조헤이(承平) 6년(936) 스모절에서 연행되었다고 기록된 것으로 보아 10세기까지는 전승이 이루어졌던 것으로 보인다.

> 『교훈초』
>
> 조보라쿠(長保樂)
>
> 또는 '조보라쿠(長浦樂)' 또는 '조보라쿠(長寶樂)' 또는 '한야라쿠(泛野樂)'라고 한다. 중곡(中曲)이다. 파(破) 박자 8, '호소로쿠세리(保曾呂久世利)'라고 한다. 무간박자 50, 급(急) 박자 18, '가리야스(加利夜須)'라고 한다. 무간박자 47. 이곡은 조보(長保) 연간에 만들어져 이 이름이 되었다고 한다.[19]

〈조보라쿠〉에 관한 기록이 남아있는 문헌으로는 『왜명류취초』『악가록』『대일본사(大日本史)』『용명초』『체원초』『무악요록』 등이 있다. 이들 문헌에 의하면 〈조보라쿠〉는 '장포악(長浦樂)', '장보악(長寶樂)' 등으로 표기되기도 하며 '한야라쿠(泛野樂)'라고 불리기도 한다. 〈조보라쿠〉에서 특히 주목해야만 하는 것은 각기 다른 두 개의 악곡이 합쳐져서 하나의 작품을 이루었다는 점이다. 『악가록』에는 본 곡의 파(破)와 급(急)은 각각 별개의 곡이라 기록되어 있다.[20] 또한 위의 『교훈초』

---

19 『教訓抄』(5): "又長浦樂、又長寶樂、又泛野樂云。中曲。破、拍子八。謂之保曾呂久世利。舞間拍子五十。急、拍子十八。謂之加利夜須。舞間拍子四十七。此曲、長保之比作タリ。サマザマノ名アリ。"

에 의하면 이것의 파(破)는 '호소로쿠세리(保曾呂久世利)', 급(急)은 '가리야스(加利夜須)'라고 한다. 그러니까 원래는 개별 악곡이었던 '호소로쿠세리'와 '가리야스'가 파와 급으로 편성되며 하나의 곡으로 통폐합된 것이라 할 수 있다. 명칭이 <조보라쿠>가 된 것은 그것이 조보(長保) 연간(999-1004)에 만들어졌기 때문인데, <조보라쿠>는 오늘날 『명치찬정보』에 그 무보가 남아있다.

『교훈초』

고마보코(狛桙) 특별의상(別装束) 중곡(中曲)

'도리보코마이(執鉾舞)'라고 한다. 박자22 또는 28박자 설. 반복에서는 제7박자 또는 11박자, 무간박자 220. 삿대의 길이 1장 1척 7촌.21 삿대의 구경(口徑) 7분. 일설에는 1촌이라고 전한다. 이 춤은 옛 사람의 말에 한반도에서 건너올 때는 오색으로 채색한 삿대로 배를 저어 와서는 4명이 (삿대를) 어깨에 메고 춤을 춘 것에서 비롯되었다고 한다. 그렇기 때문에 오늘날, 용두익수(龍頭鷁首) 놀이를 할 때, 머리에 꽃을 꽂은 관을 쓴 아동이 반에(蠻繪)22를 입고 삿대를 드리운다. 이를 가리켜 '사오모치마이(棹持舞)'라고 한다.23

---

20 『樂家錄』(28): "舊記曰當曲破與急本別曲也。"

21 분(分)을 중심으로 10분이 1촌(寸), 10촌이 1척, 10척이 1장(丈)이다. 1분은 0.303cm.

22 반에(蠻繪) 의상이란 옛날 조정의 관사(官司) 복장에서 유래한 것으로 사자 등이 그려진 둥근 모양의 문양이 들어가 있는 겉옷을 말한다.

23 『教訓抄』(5): "狛桙 別装束 中曲 執鉾舞云。拍子十八又、又廿二。十八拍子説。返付第七拍子。返付又十一拍子。舞間拍子二百廿。棹長一丈一尺七寸。口七分也。一説二八、一寸卜云。此舞ハ、古人説云、高麗ヨリ渡ケル時、五色ニイロドリタル棹ニテ、船ヲ指テ渡タリケルヲ、ヤガテ四人、肩ニ係テ舞始タリト、申傳タリ。サレバ于今、龍頭鷁首、サスカヅラノ童部、着蠻繪、差此棹也。謂之棹持舞云。"

〈고마보코(狛桙)〉에 관한 문헌기록으로는 『왜명류취초』『악가록』『용명초』『인지요록』『잡비별록』『교훈초』『무악요록』 등이 있다. 이것들에 의하면 〈고마보코〉는 무원이 긴 삿대를 들고 추는 춤으로 일명 '도리보코마이(執鉾舞)', '사오모치마이(棹持舞)'라고 한다. 박자는 22 내지는 28로, 반복의 경우는 7 또는 11박자로 연주한다. 무간박자 220이다. 한편, 〈고마보코〉의 발생 모티브는 한반도에서 건너오는 사신(使臣) 내지는 도래인(渡來人)이다. 그런데 한반도에서 배를 타고 바다를 건너온 이들은 오색으로 채색한 삿대를 어깨에 메고 춤을 추었다. 실질적으로 본 악곡의 모티브나 성격 등을 상징적으로 보여주는 것은 무구인 삿대이다. 그러한 만큼, 각 문헌에는 그것의 직경과 길이가 구체적으로 기록되어 있는데, 당시 무구로 사용된 것은 대략 3미터 정도의 오색 삿대였던 것으로 보인다. 〈고마보코〉는 오늘날까지 전승이 이어지고 있으며, 마찬가지로 『명치찬정보』에서 무보를 확인할 수 있다.

『교훈초』

고마이누(狛犬)

파(破), 박자 11 또는 12. 급(急) 박자 14. 일설에는 서(序)와 파(破)라고 한다. 스모 당시 이것을 사용한다. 춤이 나올 때 먼저 견난성(犬亂聲)을 연주한다. 타구(打毬) 때는 우방(右方)의 승부악(勝負樂)으로 이것을 공연하며 공을 취함에 따라 이것을 연주한다. 무원 2인. 고삐 잡이 2인으로 이것은 우근장조(右近将曹) 이하 부생(府生) 이상이 맡는다. 24

135

〈고마이누(狛犬)〉에 관한 기록이 남아있는 문헌으로는 『왜명류취초』
『악가록』『인지요록』『교훈초』『무악요록』『강가차제(江家次第)』『중우기
(中右記)』 등이 있다. 『교훈초』에 의하면 〈고마이누〉는 파(破) 박자 11
또는 12, 급(急) 박자 14로, 무원 두 명과 고삐 잡이 등이 등장한다.
원래 일본에서 '고마이누(狛犬)'는 수호의 능력을 지닌 상상의 동물이
다. 그렇기 때문에 고마이누의 형상을 한 탈이나 혹은 의상을 입고 공
연하는 것은 물론 춤동작은 그것을 흉내 내는 것이 주를 이루었을 것
으로 판단된다. 상기한 문헌들에 의하면 실제로 공연 때에는 고마이누
가 땅에 엎드리기도 하고 불을 삼키는 등의 동작을 취했다고 한다. 또
한 〈고마이누〉는 주로 스모나 타구 등 승부를 가리는 경기에서 연행
되었는데, 이것은 〈고마이누〉가 벽사나 혹은 액막이 기능이 있었기
때문으로 보인다. 그런데 아쉽게도 〈고마이누〉는 오늘날 전승이 단절
되어 전하지 않고 있다. 〈고마이누〉가 언제쯤 전승이 단절되었는지는
정확하지 않다. 다만 『중우기』에 간지(寬治) 2년(1088) 7월 27일 스모절
(相撲節) 당시 〈고마이누〉가 연행되었다[25]는 기록이 남아있는 것으로
보아 최소 11세기 말까지는 전승되고 있었음을 알 수 있다.

　　『교훈초』
　　고마류(狛龍)

24 『敎訓抄』(5): "破　拍子十一、又十二。急、拍子十四。一說云、序破謂之。相撲用之、舞
　欲出之時、先吹亂聲犬亂聲。打毬之時、右方以此爲勝負樂。仍每取球發。舞者二人。用
　轝二人、用右近将曹以下府生以上。"
25 藤原宗忠 著, 笹川種郎 編, 『中右記』1, 日本史籍保存会, 1916, p.15.

또 '고라이류(高禮龍)'라고 한다. 파(破) 박자 12. 급(急) 박자 12 또는 8. 그 춤, 5월 단오절 당시 어가(御駕)가 출입하는 동안 그것의 앞에서 연주한다. 조형 말(小馬形)에 올라 두 사람이 춤을 춘다. 관(冠)에 반에(蠻繪) 의상을 입는다. 중간 정도 수준의 우무인이 이것을 춘다. 고기(古記)에 이르기를 이것을 연행하는 자는 어가를 향해 스지가에(筋替)의 춤동작으로 춤을 춘다. 이 사이 급(急)을 연주하는데 조박자(早拍子)[26]의 당박자(唐拍子)이다. 파(破)는 연주하지 않는다. 경마 행행이나 천황의 외출 때 〈소호비(蘇芳菲)〉의 답곡으로 급을 연주한다. 고려악 중에서 비곡(祕曲) 중의 비곡이다.[27]

마지막으로 〈고마류(狛龍)〉에 관해 기록해 놓은 문헌으로는 『교훈초』와 『악가록』『용명초』 외에 『중우기』와 『습개초』『어당관백기(御堂関白記)』『영화물어(栄華物語)』『침초자(枕草子)』『잡비별록(雑秘別録)』 등이 있다. 위의 『교훈초』에 의하면 〈고마류〉는 '고례룡(高禮龍)'으로 쓰기도 하며, 파(破) 박자 12, 급(急) 박자 12 내지는 8이라고 한다. 공연은 머리에 관을 쓰고 반에(蠻繪) 의상을 입은 무원 2인이 조형 말(小馬形, 駒形)을 타고 춤을 추는 형식으로 이루어진다. 무원이 조형 말을 타고 춤을 추는 까닭에 세간에서는 〈고마카타(駒形)〉로 불리기도 하였는데, 『중우기』의 고와(康和) 4년(1102) 윤 5월 15일 기사에는 '고마

---

26 타악기 리듬 중 하나로 4박을 하나의 단위로 하며 비교적 빠른 템포이다.
27 『教訓抄』(5): "又高禮龍云。破、拍子十二。急、拍子十二、又八。件舞、五月節輿出入之間、於御前奏之。乘小馬形二人舞之。冠蠻繪着、右舞人中膊舞之。古記云、此曲者、向御輿筋替ヲ打テ舞フ也。此間、吹急。早物打唐拍子也。破ヲバ不吹之。競馬行幸、御幸之時、對蘇芳菲シテ急ヲ奏ナリ。狛樂ノ中ニハ秘樂ノ隨一ナリ。

류 세간에서는 고마카타라고 부른다(狛龍世號駒形)'28라는 기록이 보인다. 한편, <고마류>가 주로 연행된 것은 5월 5일 단오절 때였다. 단오절 때는 천황(天皇)이 무덕전(武德殿)에 행차해 군신들과 연회를 즐겼다. <고마류>는 천황이 가마를 타고 무덕전에 행차할 때 그 앞에서 연행되었으며 특히 번무로는 <소호비(蘇芳菲)>가 연행되었다. '소호비'는 상상의 동물로 몸은 사자, 두상은 견두(犬頭)를 닮았다. 그러니까 공연의 성격상, <고마류>와 <소호비>는 천황의 행차에 따른 액막이 역할을 했던 것으로 생각되는데, 『교훈초』에는 <고마류>가 한반도계 악무의 비곡(祕曲) 중 제일이라고 기록되어 있다. <고마류>는 오늘날 전승이 단절되어 공연에 관한 세부적인 사항은 알 수가 없다. 다만 위의 『중우기』 기사를 참고로 할 때 최소 12세기 초까지는 전승이 이루어졌음을 알 수 있다.

3. 개별 악곡을 통해 본 고구려계 악무의 성격 및 특이성

주지하는 바와 같이 개별 악곡의 곡명이나 무구, 혹은 그것의 원천 및 발생지 등은 그것들의 성격과 특이성 등을 파악하는 데 중요한 단서가 될 수 있다. 이상의 것들을 바탕으로 한류로서의 고구려악의 특이성에 관해 살펴보면 크게 세 가지로 정리해 볼 수 있다.

첫째, 국제성이다. 상기한 바와 같이 고구려계 악무로는 7개 곡목

---

28 藤原宗忠 著, 笹川種郎 編, 『中右記』 2, 日本史籍保存会, 1916, p.184.

이 있다. 그런데 그것의 절반을 넘는 〈신소토쿠〉와 〈다이소토쿠〉, 〈기칸〉, 〈조보라쿠〉의 4개 곡목에는 국제적 성격이 강하게 배어있다. 먼저 〈신소토쿠〉와 〈다이소토쿠〉, 〈기칸〉은 일명 소그디아나로 불리는 당시의 강국(康國) 및 안국(安國)에서 발생한 것으로 추정되고 있다. 〈신소토쿠〉와 〈다이소토쿠〉에서 공통된 소리로 발음되는 '소토쿠(ソトク)'는 언급한 바와 같이 '숙덕(宿德)' 또는 '주독(走禿)' 등으로 다양하게 표기되고 있다. 이것은 소리에 맞추어 한자를 음차하거나 혹은 가차해서 썼기 때문인데, 한국의 이두현, 일본의 기시베 시게오 (岸辺成雄)[29] 등의 연구에 의하면 '소토쿠'는 원래 '소쿠토쿠(ソクトク)'로 이른바 소그드상인들로 유명한 '속특(粟特)'을 의미하는 것이라고 한다. 알려진 바와 같이 중국 신강(新疆) 투루판(Turfan)에서 출토된 소그드 인상에 의하면 그들은 대부분 '심목고비(深目高鼻)'의 외모에 끝이 뾰족한 변형(弁形) 모자를 착용하였다. 그런데 흥미롭게도 〈신소토쿠〉 및 〈다이소토쿠〉 또한 심목고비의 서역인 형상을 한 가면을 착용한다. 선행 연구자들이 〈신소토쿠〉와 〈다이소토쿠〉를 '소쿠토쿠', 즉 '속특'과 연관 지은 것은 그 소리에 더해 가면 등이 그것과 매우 잘 부합하기 때문이다. 또한 언급한 바와 같이 아라이 하쿠세키(新井白石)의 『악고(樂考)』에 의하면 〈기칸〉은 곧 서역에서 유래한 '걸한희(乞寒戱)'라고 한다. 걸한희는 오늘날의 사마르칸트에 위치한 강국에서 유래한 것으로 이 지역은 연간 총 강수량이 400mm 내외의 매우 건

---

29 이두현, 『한국연극사』, 민중서관, 1973, p.40; 岸辺成雄, 「雅樂の源流」, 『日本の傳統藝能』2, 平凡社, 1970, pp.118~119 참조.

조한 곳이다. 그리고 강수의 대부분은 추운 겨울에 집중되어 있다. 강수가 겨울에 집중돼 있는 것은 강추위가 많은 눈을 몰고 오기 때문인데, 추운 겨울의 적설은 풍년을 위한 절대 조건이었다.[30] 이에 강국에서는 매년 11월(음력) 걸한을 위해 북을 치고 춤을 추며 서로에게 물을 뿌리는 대규모 행사를 진행하였다. 이른바 '발한호희(潑寒胡戲)'인데, 이것과 〈기칸〉이 관계되어 있다는 것이다.

한편, 앞에서 살핀 바와 같이 〈조보라쿠〉는 '호소로쿠세리(保曾呂久世利)'와 '가리야스(加利夜須)'의 두 악곡을 하나로 합친 것이라고 한다. 그런데 『대일본사』에 의하면 '호소로쿠세리'의 '소로쿠(曾呂久)'는 서역의 '소륵(疏勒)'을 지칭하는 것이라고 한다. 혜초의 『왕오천축국전』에는 '가사기리국(伽師祇離國)'으로, 현장의 『대당서역기』에는 거사국(佉沙國)으로 기록된 소륵은 오늘날의 중국 신장위그르 자치구의 카슈가르(Kashgar) 지역에 해당한다. 『구당서』에 의하면 당시 소륵은 현신(祆神)을 섬기고 호서(胡書)와 문자가 있었다고 한다.[31] 어쨌든 이상의 4개 악곡은 강국을 포함한 속특 및 소륵과 관계되어 있다는 것인데, 전덕재는 그의 연구에서 속특 등의 악곡이 먼저 고구려에 전래된 후, 고구려를 통해 다시 일본으로 전해졌을 것이라고 논한 바 있다.[32] 다시 말해 다양한 서역의 악곡들이 고구려에 전해진 후 수용·정착·변용·변천 등의 과정을 거쳐 다시 일본으로 전해졌다는 것이다.

---

30 박태규, 『일본궁중악무담론』, 민속원, 2018, p.119.
31 『舊唐書』: "俗事祆神, 有胡書文字."
32 전덕재, 앞의 책, p.258~263 참조.

그런데 이상과 같을 경우 한 가지 의문이 제기될 수 있는 것은, 그렇다면 과연 서역에서 출발하였거나 혹은 서역과 밀접한 관련이 있는 위의 악곡들을 고구려계 악무로 볼 수 있는 것인가라는 점이다. 하지만 다행스럽게도 이러한 질문에 답을 제공하는 것이 한반도의 고구려 악무로, 그것의 특성 중 가장 대표적인 것이 바로 '국제성'이다. 일례로 『수서(隋書)』「志」(第十音樂下)에는 고구려의 악기는 탄쟁(彈箏) 등 14종이 1부(部)가 된다.[33]고 기록되어 있다. 또한 신당서(新唐書)』「志」(第十一禮樂)[34]에는 고구려의 악무로 <호선무(胡旋舞)>가 기록되어 있다. 그런데 실제로 고구려에서 사용된 악기 중 절반 이상은 서량악(西凉樂, 현 Tibet)과 구자악(龜玆樂, 현 Kucha), 소륵악, 안국악에서도 사용되었으며[35], <호선무>의 경우는 『통전(通典)』(樂典樂六)[36]에 강국의 악무로도 기록되어 있다. 뿐만 아니라 고구려의 안악(安岳) 3호분에는 서역인이 다리를 X자로 교차시키며 춤을 추고 있는 모습이 묘사되어 있다. 그러니까 고구려는 서역의 여러 나라들과 다양한 교류를 통해 문화의 상당 부분을 공유하여 왔다는 것인데, 이러한 점을 고려해 볼 때 일본 고려악의 고구려계 악무에 보이는 국제성은 오히려 자연스러운 것이라 할 수 있다.

둘째, 벽사성이다. 상기한 7개의 악곡 중 벽사적 성격 및 특이성을

---

33 『隋書』「志」 第十音樂下: "樂器有彈箏 · 臥箜篌 · 豎箜篌 · 琵琶 · 五弦 · 笛 · 笙 · 簫 · 小篳篥 · 桃皮篳篥 · 腰鼓 · 齊鼓 · 擔鼓 · 貝等十四種, 爲一部."
34 『新唐書』: "高麗伎, 胡旋舞, 舞者立毬上, 旋轉如風"
35 송방송, 『한국음악통사』, 일조각, 1993, p.53~54 참조.
36 『通典』樂典樂六: "康國樂(中略)舞急轉如風, 俗謂之胡旋."

보이는 것은 〈고마이누(狛犬)〉와 〈고마류(狛龍)〉이다. 상상의 동물인 고마이누는 일본에서 사자와 함께 신사나 사원 등에 배치되어 귀신 등을 물리치는 영신으로 인식되고 있다. 그런데 원래부터 한반도에서 개는 특정한 사건의 징조를 알리는 영수(靈獸)로 여겨져 왔을 뿐만 아니라 무속의 저승 설화에서는 이승과 저승을 연결하는 메신저의 기능을 수행하는 경우도 있었다.[37] 그리고 한 발 더 나아가 액(厄)을 막는 존재로까지 여겨져 왔다. 일례로 『삼국사기』(권4)「신라본기」진평왕 53년(631) 기사에는 2월 흰 개가 대궐 담에 오른 일이 있은 이후 5월에 이찬 칠숙 등의 모반이 일었다고 기록되어 있다.[38] 또한 성덕왕 35년(736) 11월 기사에는 개가 월성(月城) 고루(鼓樓)에 올라 3일 동안 짖었는데 다음 해(737) 2월 왕이 서거하였다고 기록되어 있다.[39] 여기에 고구려 각저총에는 전실과 현실을 잇는 통로 벽면에 개가 그려져 있다. 이것은 개가 이승과 저승을 연결하고 있음을 보여주는 것이라 할 수 있다. 개가 액을 막는 존재로 인식된 대표적인 사례는 삽살개이다. 삽살개에서 '살(煞)'이란 액운, 즉 사람을 해치는 기운을 말하며, '삽'은 '파낸다', '없앤다'는 뜻을 지니고 있다.[40] 따라서 삽살개는 문자 그대로 '액운을 물리치는 개' 내지는 '악귀를 쫓는 개' 라는 의미가 된

---

37 허균, 『십이지의 문화사』, 돌베개, 2010, p.65.
38 『삼국사기』권 제4 신라본기 진평왕: "五十三年, 春二月, 白狗上千宮墙. 夏五月, 伊飡 柒宿與伊 飡石品謀叛. 王覺之, 捕捉柒宿, 斬之東市, 幷夷九族. 阿飡石品亡至百濟國境, 思見妻子, 晝伏夜行, 還至叢山. 見一樵夫, 脫衣換 樵夫敝衣, 衣之負薪, 潛至於家, 被捉伏刑."
39 『삼국사기』권 제8 신라본기 성덕왕: "狗登在城鼓樓, 吠三日.(中略)王薨. 謚曰聖德, 葬移車寺南."
40 하지홍, 『한국의 개』, 글로벌콘텐츠, 2017, p.87.

다.[41] 이에 특히 조선시대에는 문배도 등, 악귀를 물리치기 위해 개의 그림을 그려 문에 붙이는 경우가 있었는데, 눈이 3개 달린 삼목견(三目犬) 그림이나 혹은 목에 방울을 달고 있는 <궁견도(宮犬圖)> 등 관련 자료들이 비교적 많이 남아있다.

다음으로 용은 대표적인 영수(靈獸)로, 특히 동아시아에서는 주작, 백호, 현무와 함께 사신(四神) 중의 하나이자 불법을 수호하는 등, 매우 강력한 이미지를 지니고 있다. 이에 고구려 고분에서도 용의 그림을 어렵지 않게 찾아볼 수 있다. 집안의 삼실총과 오회분 등이 대표적인데, <고마이누>와 <고마류>는 공통적으로 귀신을 물리치는 영수에 그것의 발생지를 의미하는 '고마(狛=高麗)'가 붙은 것이라 할 수 있다. 그리고 그것들의 성격은 기본적으로 '벽사'였다. 그런데 여기서 주목해야만 하는 것은 벽사는 고대 한반도 악무의 특징 중 하나였다는 점이다. 대표적인 것이 널리 알려진 <처용무>로 그것의 탈과 춤은 민간은 물론 궁중에서도 벽사의 대명사처럼 사용되어 왔다. 이에 섣달그믐, 액을 막기 위해 행해지던 나례 때는 반드시 <처용무>가 연행되었다. 이렇듯 한반도 고대 악무의 특징 중 하나인 벽사성이 일본의 고려악에 그대로 투영되어 있다는 점이 매우 흥미롭다.

셋째, 즉흥성 및 현장성이다. 고구려계 악곡 중 즉흥성과 현장성을 보이는 것은 <고마보코>이다. 앞에서 살핀 바와 같이 <고마보코>의 무티브는 한반도에서 긴니오는 사신 내지는 도래인이다. 『교훈초』에 의하면 한반도에서 건너온 이들은 항구에 도착해 삿대를 메고 춤을

---

41 하지홍, 앞의 책, p.87.

추었다고 하는데, 오늘날 전승되고 있는 <고마보코>에는 그러한 동작이 그대로 반영되어 있다.

역사상 한반도에서 일본으로의 도래가 대규모로 이루어진 것은 7세기이다.[42] 660년과 668년 백제와 고구려가 차례로 멸망하면서 옛 백제 및 고구려 지역에는 무수히 많은 유민이 발생하였다. 그리고 이들 중 일부는 바다를 건너 일본으로 이주하여 갔는데, 『일본서기』의 '귀화해 온 고구려인들에게 물건을 주었는데, 각각 차가 있었다'[43], '투화한 고구려인 56명을 히타치노쿠니(常陸國)에 살게 하였다'[44]와 같은 기사는 상기한 사실을 보여주는 단적인 사례라고 할 수 있다. 570년 공식적인 사신 파견을 통해 외교 관계를 맺은 고구려와 일본은 이후 다양한 방법으로 교류를 이어갔다. 그리고 그러한 와중에 595년 고구려의 승려 혜자(慧慈)가 도일(渡日)해 성덕태자의 스승이 된 것은 널리 알려진 사실이다. 그런데 문제는 고구려에서 일본으로의 항해가 결코 순탄하지 않았다는 점이다. 당시 고구려는 동해안에서 호쿠리쿠(北陸) 지방에 이르는 해양 루트를 사용하였다.[45] 하지만 이때 태풍 등의 자연 재해는 물론 다양한 원인들로 인해 항해 중 많은 희생자를 낳기도 하였다. 실제로 『일본서기』(570년 4월 2일)에는 고구려의 사신이 바람과

---

42 7세기 한반도에서 일본으로의 대규모 이동과 <고마보코>에 관하여는 박태규, 「日本の宮中樂舞と古代の韓半島」, 『翰林日本學』15, 한림대학교 일본학연구소, 2009, pp.79~95 참조.

43 『日本書紀』卷二九 天武天皇十四年九月庚午: "庚午, 化來高麗人等, 賜祿各有差."

44 『日本書紀』卷三十 持統元年三月己卯: "以投化高麗五十六人, 居于常陸國."

45 홍성화, 「6세기 후반 한일 해역에서의 재난과 교류—고구려와 야마토정권을 중심으로」, 『동아시아고대학』59, 동아시아고대학회, 2020, p.87.

파도에 어려움을 겪으며 희생자를 내고 간신히 호쿠리쿠에 도착하였다는 기사가 실려 있다.[46] 그러니까 한반도에서 일본으로의 도래는 목숨을 담보로 한 역경의 길이나 다름이 없었다. 따라서 『교훈초』의 기록처럼 항구에 도착해 어깨에 삿대를 메고 춤을 춘 것은 무사히 도착한 것에 대한 안도 및 기쁨을 표현한 것으로, 이때의 춤은 생존에 대한 개인의 감정이 충실히 반영된 즉흥무였을 것으로 판단된다.

그런데 중요한 것은 즉흥성이 동반된 이러한 춤을 현장에서 그대로 수용해 궁중악무로 성립시켰다는 점이다. 부언할 필요도 없이 고구려를 포함한 한반도계의 도래인들은 고대 일본 사회의 발전에 지대한 영향을 미쳤다. 그렇기 때문에 당시 한반도에서 배를 타고 건너오는 이들은 일본인들에게 선진 문물의 상징이자 발전적 미래를 알리는 중요한 의미를 지니고 있었다.[47] 이에 당시 일본인들은 한반도에서 건너온 이들의 즉흥적인 춤을 현장에서 그대로 받아들여 〈고마보코〉를 탄생시킨 것으로 보이는데, 〈고마보코〉는 즉흥성과 현장성이 동시에 반영된 매우 특징적인 악곡이라 하겠다.

---

46 『日本書紀』卷十九 欽明天皇卅一年四月二日: "夏四月甲申朔乙酉, 幸泊瀨柴籬宮, 越人江淳臣裙代, 詣京奏曰, 高麗使人, 辛苦風浪, 迷失浦津, 任水漂流, 忽到着岸, 郡司隱匿, 故臣顯奏, 詔曰, 朕承帝業, 若干年, 高麗迷路, 始到越岸, 雖苦漂溺, 尚全性命, 豈非徽猷廣被, 至德巍巍, 仁化傍通, 洪恩蕩蕩者哉, 有司, 宜於山城國相樂郡, 起館淨治, 厚相資養."

47 박태규, 『일본궁중악무담론』, 민속원, 2018, p.173.

4. 맺음말

　　고대 당시 일본에는 고려악이라는 당대 최첨단의 궁중악무가 문화를 주도하고 있었으며, 그중 상당 부분을 차지하는 것이 고구려계 악무였다. 본고에서는 당시 한류로서 고구려계 악무에 관해 살핀 후, 그것들의 성격 및 특이성 등에 관해 살펴보았다. 현재 고구려계 악무로 분류되고 있는 고려악에는 7개 악곡이 있다. 당시 이들 악곡들은 다양한 악기 연주는 물론 특색 있는 가면에 화려한 의상 및 동작, 그리고 함축적 의미까지 더해져 일본인들의 문화적 욕구를 한층 고조시켰음에 틀림없다.

　　한편, 7개에 달하는 고구려계 악무를 분석한 결과 4개의 악곡을 통해서는 국제성을, 2개의 악곡을 통해서는 벽사성을, 그리고 1개의 악곡을 통해서는 즉흥성 및 현장성을 발견할 수 있었다. 이 중 특히 국제적 성격과 벽사성 등은 한반도 및 고구려 문화와 그 맥을 같이하는 것으로 매우 흥미롭다.

　　일본 역사서에서 외래악과 관련된 기록이 처음 보이기 시작한 것은 『일본서기(日本書紀)』(권13) 인교천황(允恭天皇) 당시인 453년의 일이다.[48] 본서에 의하면 제19대 인교천황(允恭天皇)이 세상을 뜨자 신라에서는 조문을 위해 악사 80여 명을 파견하였다고 한다. 당시 신라는 제19대 눌지왕 시기로, 실제로 일본에 악사를 파견하였는지는 정확하지 않다.

---

48 『日本書紀』卷第十三 雄朝津間稚子宿禰天皇 允恭天皇卌二年正月: "卌二年春正月乙亥朔戊子, 天皇崩, 時年若干 於是, 新羅王聞天皇旣崩, 而驚愁之, 貢上調船八十艘, 及種種樂人八十, 是泊對馬而大哭, 到筑紫亦大哭, 泊于難波津 則皆素服之, 悉捧御調, 且張種種樂器, 自難波至于京, 或哭泣, 或儛歌, 遂參會於殯宮也."

146

그러나 이 기록대로라면 일본에는 비교적 빠른 시기에 외래악이 전해지기 시작했으며, 전래된 최초의 것은 신라악이었다고 할 수 있다. 이후 일본은 한층 적극적으로 외래악을 수용하였고 이것들을 정리하기 위해 사가(嵯峨)·준나(淳和)·닌묘(仁明)천황 당시에는 악제개혁을 단행하기에 이른다. 그리고 결과적으로 좌방의 당악(唐樂)과 우방의 고려악으로 구성된 궁중악무를 정립시키기에 이른다. 좌방의 당악이 중국 및 실크로드의 남방계 악무로 구성된 반면, 고려악은 고구려, 백제, 신라 및 발해의 악무로 구성되어 있다. 따라서 한반도계의 고려악은 고대 당시 궁중악무의 한 축으로서 당대 문화를 견인하였다고 할 수 있다.

그런데 여기서 한 가지, 의문이 제기되고 있는 것은 상기한 7개의 악곡 중, 〈신소토쿠〉와 〈다이소토쿠〉, 〈기칸〉, 〈조보라쿠〉 등, 4개의 곡목을 한반도계의 악무로 보는 것이 타당한가라고 하는 점이다. 물론 그것은 서역적인 성격 및 관련성이 드러나 있기 때문인데, 앞에서 살핀 바와 같이 당시 한반도의 고구려악은 국제적 성격을 가장 큰 특징으로 하였다. 뿐만 아니라 백제나 신라의 경우도 기악(伎樂) 및 최치원의 〈향악잡영오수〉에서 보이는 바, 외국과의 빈번한 교류를 통해 외래악의 수용 및 정착이 활발히 진행되었다. 따라서 국제성이란 한반도 악무를 관통하는 공통된 특징이라 할 수 있다. 이러한 사실은 서역적 요소를 이유로 일본 고려악의 범주를 축소하려는 의견과는 전혀 상반된 것으로, 고대 한류로서의 고려악의 정체성을 확인하는데 중요한 포인트가 될 수 있다.

일본의 궁중악무 중 고려악은 고대 한반도의 고구려, 백제, 신라 및 발해에서 비롯된 당대 문화의 핵심 한류였다고 하겠다.

본 글은 『아시아문화연구』 55, 가천대학교 아시아문화연구소, 2021에 게재되었던 것을 수정 보완한 것임을 밝혀 둔다.

참고문헌

단행본

박태규,『일본궁중악무담론』, 민속원, 2018.

송방송,『한국음악통사』, 일조각, 1993.

이두현,『한국연극사』, 민중서관, 1973.

전덕재,『한국 고대음악과 고려악』, 학연문화사, 2020.

정수일 편저,『실크로드 사전』, 창비, 2017.

펑솽바이 외 저, 강영순 외 옮김,『중국무용변천사』, 민속원, 2016.

하지홍,『한국의 개』, 글로벌콘텐츠, 2017.

허균,『십이지의 문화사』, 돌베개, 2010.

安倍季尙,『樂家錄』, 現代思潮新社, 2007.

新井白石,『樂考』, 國書刊行會, 1977.

大槻如電,『新訂舞樂圖説』, 六合館, 1905.

河竹繁俊,『日本演劇全史』, 岩波書店, 1959.

狛近真,『敎訓抄』, 日本古典全集刊行會, 1928.

野間淸六,『日本假面使』, 藝文書院, 1943.

藤原宗忠 著, 笹川種郎 編,『中右記』, 日本史籍保存會, 1916.

논문

박태규,「日本の宮中樂舞と古代の韓半島」,『翰林日本學』15, 한림대학교 일본학연구소,
2009.

홍성화, 「6세기 후반 한일 해역에서의 재난과 교류―고구려와 야마토정권을 중심으로」, 『동아시아고대학』59, 동아시아고대학회, 2020.

岸辺成雄, 「雅樂の源流」, 『日本の傳統藝能』2, 平凡社, 1970.

자료

『三國史記』(한국사데이터베이스 http://db.history.go.kr 검색일 2020. 12. 01)

『舊唐書』(한국사데이터베이스 http://db.history.go.kr 검색일 2020. 12. 01)

『隋書』(한국사데이터베이스 http://db.history.go.kr 검색일 2020. 12. 01)

『新唐書』(한국사데이터베이스 http://db.history.go.kr 검색일 2020. 12. 01)

『通典』(古诗词录网 http://www.gushicilu.com 검색일 2020. 12. 01)

『大日本史』(日本國立國會圖書館 https://dl.ndl.go.jp 검색일 2020. 12. 01)

『舞樂要錄』(日本國立國會圖書館 https://dl.ndl.go.jp 검색일 2020. 12. 01)

『日本書紀』(한국사데이터베이스 http://db.history.go.kr 검색일 2020. 12. 01)

조선 영화,
해외 진출을 꿈꾸다

—

'수출 영화'
〈어화(漁火)〉(1938)를 중심으로

임다함(任다함)

1. 머리말

1930년대 중반 <춘향전>(1935)이 공개된 이후 식민지 조선에서도 발성(發聲)영화 제작이 시작되었다. 하지만 군소 프로덕션이 난립하던 당시 조선 영화계에서 막대한 비용이 소요되는 발성영화를 제작하는 데 필요한 자본 및 기술·설비는 아직 턱없이 부족한 형편이었다.

이러한 상황에서 조선과 일본의 합작영화 <나그네(일본 개봉명 '여로(旅路, 다비지)')>(1937)의 국내외적인 흥행 성공은 조선 영화계에 하나의 돌파구를 제시했다고 할 수 있다. 조선의 자연 풍광을 배경으로 삼아 가난한 농촌 가정의 비극을 그린 영화 <나그네>는 당시 조선 영화계가 처한 난관을 일본 내지의 영화사와 기술 제휴 및 합작이라는 형태로 극복할 수 있음을 알린 작품이자, '조선적인 것'이 일본을 비롯한 해외에서의 흥행 요인이 될 수 있다는 것을 조선의 영화 관계자들에게 시사해준 작품이었기 때문이다.

<나그네> 이후 해외 관객의 시선을 의식하게 된 조선 영화계에서는, 향후 '조선 영화'의 정체성과 나아갈 방향에 대한 논의가 활발하게 이루어졌다. 특히 1930년대 들어 해외에서 영화 유학을 마치고 돌아온 신진 영화인들이 조선 영화계에 대거 유입되면서, 이들을 중심으로 조선 영화의 권역 확장 방안을 본격적으로 모색하였다. 이들은 <나그네>의 성공 사례를 통해 조선 영화가 담아내야 할 '조선적인 것'은 무엇이며, 이를 영화적으로 어떻게 재현할 것인가에 대한 고민을 심도 있게 전개하였다.

안철영(安哲永, 1909~?) 역시 이 시기 등장한 '해외파' 신진 영화인으

로서, 세계 영화 시장에서 조선 영화가 지향해야 할 방향과 그를 위한 '조선적인 것'의 영화적 재현에 대한 논의에 적극적으로 동참했던 감독이었다. 그는 당시 영화인들이 주로 영화 수업을 받았던 일본이 아닌, 최초로 독일에서 영화를 배운 영화감독으로서 주목받았다.

그러나 그가 창설한 극광(極光)영화제작소와 일본 쇼치쿠(松竹)키네마의 합작으로 제작한 데뷔작 <어화(漁火)>(1938)는, 당시 조선과 일본의 영화 평단에서 '<나그네>의 아류작'이라는 혹평을 받았던 비운의 작품이다. 이 때문에 그간 1930년대 후반 전개된 조선 영화의 해외 진출에 대한 선행연구들은, 대체로 <나그네> 이후 해외 시장을 겨냥한 '수출 영화'의 대표적인 실패 사례로서만 영화 <어화>를 언급해왔다.[1] 또한, 오랫동안 영화인 안철영에 대해서도 거의 연구된 바가 없었으며, 선행연구도 그가 활약했던 해방기의 활동에만 집중해온 경향이 있다.[2]

---

[1] 이 글에서 참조한 영화 <어화>에 관한 주요 선행연구는 김수남, 「한국영화의 과학화를 도모한 실무의 민족주의 영화작가 안철영의 영화인생론」(『영화교육연구』제7집, 2005), 김려실, 「<어화>의 멜로드라마적 상상력」(『투사하는 제국 투영하는 식민지』삼인, 2008), 정민아, 「1930년대 근대 담론과 여성의 섹슈얼리티」(『1930년대 조선 영화와 젠더 재구성』동국대학교 박사논문, 2010), 김남석, 「극광영화제작소와 『어화』연구」(『한어문교육』제28집, 2013), 박소연, 「문화번역 및 번역된 젠더에서 바라 본 식민 여성—1938년 작 조선 영화 <어화>를 중심으로」(『여성문학연구』제35호, 2015) 등이 있다.

[2] 안철영 감독에 관한 연구는 최근까지 거의 찾아보기 힘들었다. 그가 1950년 8월 2일 납북된 이후 행방불명이 되었고, 남겨진 작품도 극영화 <어화>(1938), 기록영화 <무궁화동산>(1948) 두 편뿐인데다 그에 관한 정보가 거의 알려진 바 없었던 것이 원인이 아닐까 추측된다. 『한국영화감독사전』(국학자료원, 2004)에도 그의 항목에는 "생년월일 및 출신지 불명. 학력과 경력에 대해서도 당시의 신문기사로 추정될 뿐"이라고 적혀 있을 정도였다. 그러나 2008년 3월 안철영의 장남 안형주 씨가 개인 소장 중이던 안철영 감독에 관한 자료를 한국영상자료원에 기증했다. 그 자료는 현재 『안철영 자료 (1) 안철영 영화감독 사진』『안철영 자료 (2) 신문·잡지·저서』두 개의 파

하지만 해방 이후 한국 최초의 컬러 다큐멘터리 영화인 〈무궁화동산〉(1948)을 제작하고, 할리우드 방문기 『성림기행(聖林紀行)』(1949)을 통해 해방기 조선 영화의 해외 진출을 고심했던 안철영의 영화 인식은 이미 그가 영화계에 진출한 1930년대에 배태되었다고 할 수 있을 것이다. 그렇다면, 1930년대 후반 조선 영화의 정체성에 대한 고민 속에서 탄생한 데뷔작 〈어화〉에 시도된 그의 영화적 실험을 그 '실패'까지 포함하여 다시 한 번 되짚어 보는 것은, 일제강점기를 거쳐 해방 공간에서 '민족영화'로서의 조선 영화의 나아갈 방향을 고민했던 한 영화인의 해외 진출 욕망의 연속성을 파악하는 기반이 될 것이다. 또한, 이는 현재 세계영화 시장 진출을 활발하게 모색하는 한국영화계의 '지금-여기'와도 이어지는 탐색으로서도 의미를 가질 터이다. 따라서 이 글에서는, 1930년대 후반 활발하게 논의되었던 조선 영화의 해외 진출 담론의 하나의 실천으로서 안철영의 영화 〈어화〉의 의미와 한계에 주목하고자 한다.

일로 나뉘어 서울 국립중앙도서관에 소장되어 있다. 이 글은 이 자료집을 참고로 안철영의 행적을 추적했다.
아울러 안철영 감독에 관한 최근의 주요 선행연구로는 김수남의 앞의 논문, 이경민의 박사논문 『한국근대사진사 연구—사진제도의 형성과 전개』(중앙대학교 첨단영상대학원, 2011)의 제6장 제2절「안철영의 조선적인 것」, 심혜경의 박사논문 『안철영 텍스트를 통해 본 대한민국 설립 초기 '조선 영화' 연구─〈무궁화동산〉과 『성림기행』을 중심으로』(중앙대학교 첨단영상대학원, 2012) 등이 있다.

2. 안철영의 영화 인식
: 영화의 현실성과 '조선적인 것'

1) 영화 〈나그네〉와 '조선적인 것'의 영화적 재현 방식

우선 1930년대 후반 안철영이 영화계에 진출하던 당시의 조선 영화계―좀 더 구체적으로는 영화 〈나그네〉 '이후'의 조선 영화계―가 지향한 '조선적인 것'의 의미와 그 재현 방식에 대해 간단하게 살펴보자.

일본의 영화평론가 이와사키 아키라(岩崎昶)는 1938년 11월 식민지 조선의 수도 경성(현재의 서울)에서 개최된 조선 영화인들과의 좌담회에서, 〈나그네〉의 일본 흥행 성공 요인이 민속이나 풍경 같은 조선의 짙은 '로컬 컬러'를 바탕으로 등장인물들의 인간적인 갈등을 적확하게 그려낸 데 있다고 보았다.[3] 이와사키뿐만 아니라 대체로 일본 평단에서는 식민지 조선의 지방인 밀양의 '농촌'을 배경으로 한 〈나그네〉에 조선의 로컬 컬러, 즉 '조선적인 것'이 잘 표현되었다는 점을 높이 샀다. 때문에 1930년대 후반 해외 시장 진출을 꾀한 많은 조선 영화들이 영화 〈나그네〉의 영향을 받아, 향토성 짙은 조선의 자연 풍광을 '조선적인 것'으로서 화면에 담아내려 노력했던 것은 이미 여러 선행 연구가 지적한 바 있다.[4]

---

3 「半島映画を語る(3)」(『京城日報』, 1938.11.8.)

4 이화진, 「식민지 영화의 내셔널리티와 '향토색'―1930년대 후반 조선 영화 담론 연구」(『상허학보』13호, 2004), 강성률, 「1930년대 로컬 칼라 담론 연구」(『영화연구』33호, 2007), 문재철, 「1930년대 중반 조선 영화 미학의 변화에 대한 연구」(『영상예술연구』제10호, 2007), 정종화, 「조선 영화는 어떻게 '반도 예술영화'로 호명되었는가」(『사이

<나그네> 이후로 해외(주로 일본)로 수출된 조선 영화로는 <군용열차>(1938) <한강>(1938) <도생록>(1938) 등이 있는데, 당시 일본의 영화 잡지 『키네마준보(キネマ旬報)』에 게재된 <군용열차>에 대한 다음과 같은 비평은 일본의 관객들과 평단이 이 시기 수출된 조선 영화에 기대한 '조선적인 것'이 어떠한 것인지 단적으로 드러내 보인다.

> 스태프는 이상과 같은데 이 작품은 조선적인 느낌을 준다고 하는 점에서는 <다비지(필자주 : 나그네)>와는 매우 다른 영화였다. 즉 향토적인 부분이 적고 활극적인 부분이 전체를 차지하고 있는 것이다. 이 이야기는 굳이 장소와 인물을 조선에 한정할 필요가 없는 것처럼 생각되는 작품이므로, <다비지>처럼 우리가 이 속에서 조선의 풍속이나 습관, 자연 풍경으로 관심을 가질 만한 곳은 적다. 이 작품은 일종의 흔한 멜로드라마이며, <다비지>에서는 일종의 소박한 감회를 주었던 제재 구성의 단순함도 여기에서는 그것이 향토적인 분장을 하지 않았고, 한편으로는 그 분장을 할 만한 요소가 결핍되었기 때문에, 단지 이야기의 단순함만이 눈에 띄어, 이런 요소들이 빠진 영화 전체가 유치함을 느끼게 했다.[5]

비평자는 <나그네>에 비해 "조선의 풍속이나 습관, 자연 풍경" 등 "향토적인 부분", 즉 '조선적인 것'에 대한 묘사가 빠진 <군용열차>를 "흔한 멜로드라마"이자 "유치함을 느끼게" 하는 작품으로서 혹평하고

間SAI』제20호, 2016) 등을 참조할 것.
5 村上忠久, 「日本映画批評」(『キネマ旬報』, 1938.8.11.), p.78.(한국영상자료원 엮음, 『일본어잡지로 본 조선영화 2』 p.143에서 재인용)

있다. 이는 〈나그네〉의 흥행 요인이었던 '조선적인 것'의 재현이 이 당시 일본에서는 조선 영화를 비평하는 중요한 기준이 되었음을 시사하는 것이다.6 나아가 극중 '기생'으로 등장하는 여주인공이 "자조적인 노래를 술자리에서 부르는 장면" "자연 풍경 속에서 인물을 엮어가는 부분이 있어야" 한다는 평자의 주장은, 이들이 생각하는 '조선적인 것'이 농촌이나 금강산 등 조선의 향토성 짙은 풍경이나 기생의 춤 같은 시각적 이미지에 한정되어 있음을 대변한다.

그러나 한편으로, 이 시기 조선 영화계 안팎에서는 〈나그네〉 속에 그려진 '조선적인 것'의 재현 방식과 무분별한 추종에 대한 비판적인 의견도 존재했다. 영화 속에는 농촌 하층민의 생활상이 적나라하게 묘사되었기 때문에, 일본에서 호평을 받기 전 조선 평단 일각에서는 "출연 인물 전부의 궁상(窮狀)을 보는 외국 사람은 반드시 조선인은 야만이라고 하기 쉽게 되었으니 이것은 해외에 보내지 않는 편이 좋다"7며, 과연 〈나그네〉가 조선 영화를 대표하여 해외 시장에 내놓을 만한 영화인지 여부를 두고 불평의 목소리가 나오기도 했던 작품이었다.

1930년대 일본 문단에서 활약한 조선인 작가 장혁주(張赫宙)와 일본의 영화평론가 기지마 유키오(来島雪夫)가 〈나그네〉 속 '조선적인 것'의 재현 방식을 두고 벌인 논쟁은, 당시 이 영화에 대한 상반된 평가를 단적으로 드러낸 예라고 할 수 있을 것이다. 장혁주가 〈나그네〉

---

6 김려실, 「조선을 조센화 하기—조선영화의 일본 수출과 수용에 대한 연구」(『영화연구』34호, 2007), p.113.
7 남궁옥, 「조선 영화의 최고봉 『나그네』를 보고 (下)」(『매일신보』, 1937.4.25.)

가 "조선색을 과장했다[8]"고 비난한 데 반해, 기지마는 영화 속의 조선적인 색채를 "조선예술로서 자랑해도 좋을 아름다운 정경[9]"으로서 호평하고 있기 때문이다.

안철영은 『동아일보』 1937년 9월 11일자 지면에 평론 「수출 영화와 현실—장혁주·내도설부 씨의 〈나그네〉 평론을 읽고」를 발표하며 '조선적인 것'의 영화적 재현을 둘러싼 두 사람의 지상 논쟁에 뛰어들었다.[10] 이 평론을 통해 안철영은 〈나그네〉가 "외국시장에 판로를 얻기 위한 의도에서 제작된 영화"로서 "일본 내지시장에서 환영받을 사용 가치의 이용을 선처한 것에 불과"하다고 단언한다.

일견 이러한 안철영의 논지는 장혁주의 비평 및 당시 조선 평단에서 〈나그네〉 속의 '야만적' 조선 표상을 지적한 논자들과 맞닿아 있는 듯 보인다. 그러나 안철영은 나아가 영화 제작의 본의는 "교묘한 트릭"으로 관객을 현혹시키는 데 있는 것이 아니라, 대중의 일상생활에서의 관심사 및 요구에 맞는 '현실적인' 테마를 선택하여 가장 진보적인 세계관으로 접근하는 데 있다고 강조하고 있다. 이는 당시 조선 영화 평단에서 〈나그네〉 속에 적나라하게 묘사된 농촌의 빈곤상을 비판하며 "현실을 미화시켜 표현시키는 것이 영화 예술의 특징"이므로 "〈나그네〉가 해외에까지 봉절된다는 데는 조선의 문화라는 것을

---

8 張赫宙, 「『旅路』を観て感じたこと」(『帝国大学新聞』, 1937.5.10.)
9 来島雪夫, 「『旅路』」(『映画評論』, 1937.6.), pp.113~114.
10 장혁주와 기지마 유키오, 그리고 안철영의 〈나그네〉를 둘러싼 '조선적인 것'의 재현 방식에 관한 논쟁은 이화진 「〈나그네〉라는 사건 : 조선 영화의 일본 진출과 '조선색'」(『조선 영화란 하오』, 창비, 2016), (「1930年代後半の朝鮮映画が描いた『朝鮮らしさ』の意味」(『日本言語文化』제44집, 2018) 등을 참조할 것.

좀 더 신중히 생각하여야 할 것"11이라던 조선 영화인들의 인식과는 궤를 달리하는 것이라 하겠다.

그렇다면, 안철영이 추구한 '조선적인 것'의 영화적 재현 방식은 어떠한 것일까. 이 글을 통해 당시 수출 영화들의 무분별한 〈나그네〉 추종이 "현실성에 대한 영화인의 이니셔티브 결함"이라 지적한 안철영은, 영화 〈나그네〉의 '성공' 이후 1930년대 후반의 조선 영화계를 지배하던 기획된 '조선적인 것'의 과도한 추종을 경계하고, 나아가 당시 조선 영화계가 당면한 가장 시급한 과제는 '조선 영화의 표준'을 확립하는 것이라 강조하고 있다. 안철영이 지향하는 조선 영화의 표준이 영화의 '현실성' 담보를 전제로 함은 평론을 통해 그가 반복적으로 주장한 바와 같다.

그렇다면 이러한 안철영의 영화 인식은 어떻게 형성된 것인지, 다음 절에서는 그의 영화인으로서의 이력을 중심으로 안철영의 영화 인식 형성 배경을 살펴보도록 하겠다.

2) 독일에서의 영화적 체험: '수출 영화' 〈새로운 땅〉(1937)

안철영은 일본 센슈대학(專修大學) 예과를 거쳐 1931년 독일로 유학을 떠나 베를린대학 사진화학과를 졸업하고 독일의 우파(UFA) 스튜디오에서 영화 제작을 배운, 당시 조선 영화계에서는 유일한 독일 유학파 영화인이었다. 이 시기 우파에는 기록영화(documentary

---

11 서광제, 「이규환 작 나그네」(『매일신보』, 1937.4.24.)

film)로 명성을 얻고 있던 레니 리펜슈탈(Leni Riefenstahl)[12], '산악영화의 거장'이라 불리던 아르놀트 팡크(Arnold Fanck)가 소속되어 있었다. 영화 연출 시 배경이 되는 국가의 "지리, 인종, 역사에 관한 특수한 연구"가 필요하다고 언급할 정도로 영화의 '현실성'을 강조한 안철영의 영화 인식에는 이들의 연출 스타일을 비롯하여 과학영화, 전기(傳記)영화 등의 기록영화를 주로 제작했던 우파의 사실주의가 크게 영향을 주었다고 할 것이다.

특히 안철영의 독일 체류 기간과 조선 영화계 진출 시기와 맞물려 우파의 팡크가 일본의 이타미 만사쿠(伊丹万作)와 함께 일본·독일 합작영화 〈새로운 땅(新しき土)〉(1937)을 제작한 사실은, 안철영의 영화 인식을 탐색하는 과정에서 주목할 만하다. '일본 최초의 국제영화'로서 해외 영화 시장 진출을 노리고 기획된 영화 〈새로운 땅〉은 외국인(독일인 팡크)의 시점과 일본인(이타미)의 시점으로 각각 '일본의 아름다움'을 담아낸 수출 영화라는 점에서 흥미로운 작품이다.[13]

일본과 나치 독일 정부의 후원을 받아 1935년부터 제작이 추진된 이 영화는, 집안에서 정해준 약혼녀 미쓰코를 두고 독일 유학을 떠난 일본 청년 데루오가 독일 여성 겔다와 사랑에 빠져 함께 일본으로 돌아오며 겪는 갈등을 다루었다. 실연한 미쓰코는 좌절하여 자살을 기

---

12 나치당 전당대회 기록영화 〈의지의 승리 Triumph Des Willens〉(1934), 베를린 올림픽 기록영화 〈올림피아 Olympia 1. Teil—Fest Der Volker〉(1936) 연출.
13 애초 한 편의 영화를 공동 연출하는 것으로 기획되었으나, 연출 방향의 차이 등으로 갈등을 빚어 최종적으로는 이타미 버전과 팡크 버전, 각각 두 편의 〈새로운 땅〉이 제작되었다. 현재 유튜브에 공개되어 있는 〈새로운 땅〉은 팡크 버전이다.

도하지만, 일본의 전통 문화를 접하고 뒤늦게 '일본의 아름다움'을 깨닫게 된 데루오가 미쓰코를 구해 함께 '새로운 땅' 만주로 떠나는 결말을 맞이한다. 이타미 버전이 〈새로운 땅〉이라는 제목의 일영판(日英版)으로, 팡크 버전은 〈사무라이의 딸 Die Tochter des Samurai〉이라는 제목의 독일어판으로 개봉되었다.[14]

영화 〈새로운 땅〉의 기획 의도는 명확했다. 제작자 가와키타 나가마사(川喜多長政)는 당시의 일본 영화로는 도저히 서구의 관객을 사로잡을 수 없음을 깨닫고, 서구의 유명 영화감독을 일본에 초빙하여 외국인도 이해하기 쉬운 일본 영화를 제작해야겠다고 구상중일 때 팡크와 접촉하게 되었다고 언급한 바 있다.[15] 한편, 팡크는 1935년 〈새로운 땅〉 제작 전에 진행한 인터뷰에서 다음과 같이 제작 의도를 밝히고 있다.

> 일본은 현재 세계에서 가장 주목받는 나라이다. 하지만 우리들에게 일본인의 사고, 감정, 행동을 전해주는 일본 영화는 없다. 백인이 일본인을 연기한 미국 영화나 프랑스 영화라면 존재하지만, 그 영화들에는 진실성이 없다. 〈나비부인〉같은 일본인과 백인의 연애담이 아니라, 일본인들로만 전개되지만 세계 관객들도 이해할 수 있는 이야기를 만들고 싶다. 일본의 메르헨적인 해변, 활화산, 사원 같은 멋진 풍경을 활용하는 것도 빼놓을 수 없다. 목가적(牧歌的)인 지역에 살고 있는 가족을 중점적으로 다루고 싶

---

14 두 편의 〈새로운 땅〉은 등장인물의 의상이나 배경이 되는 촬영지의 차이 등을 제외하고는 거의 동일한 플롯으로 진행된다.
15 瀬川裕司, 『新しき土』の真実』(平凡社, 2017), p.127.

은데, 그 중 한 둘 쯤은 근대적 중공업이 발달한 대도시 혹은 만주(滿洲)로 소환될 것이다.[16]

위의 인터뷰를 통해, 팡크는 일본인들을 등장시켜 '세계 관객들도 이해할 수 있는 이야기', 즉 보편적인 소재에 '일본의 메르헨적인 풍경'을 배경으로 한 '일본 영화'를 만들겠다는 포부를 드러내고 있다. 그리고 목가적인 일본 지방의 풍광뿐만 아니라, 대도시의 근대적인 모습도 담아냄으로써 일본의 전통 문화와 근대성을 균형감 있게 세계 관객에게 어필할 것임을 시사했다.

이러한 제작 의도대로 〈새로운 땅〉은 가장 보편적으로 누구에게나 소구될 수 있는 주제인 남녀의 사랑과 갈등, 가족 문제를 다룬 통속적인 멜로드라마로 연출되었다. 한편으로는 후지산(富士山)과 화산 같은 일본의 자연 풍광뿐만 아니라 벚꽃, 기모노(着物)를 입은 일본 여성들, 스모(相撲), 일본 무용, 노(能)와 같은 전통 예능 등 당시 서양 관객들이 지닌 일본의 스테레오 타입이라 할 수 있는 '일본적인' 이미지들을 최대한 담아냈다. 특히 팡크 버전의 〈새로운 땅〉은 이타미 버전보다도 더욱 영화 속의 '일본적인 것' 묘사에 중점을 두었다. 주인공 미쓰코가 투신자살을 기도하여 화산으로 향할 때, 팡크는 교토(京都)의 벚꽃 명소와 더불어 뱃놀이 모습, 교토 지방 전통 축제인 '아오이마쓰리(葵祭)' 등의 기록 영상을 짧게 삽입하고 있는데, 이러한 기법은 이후 안철영에게 크게 영향을 주었다.

---

16 瀨川, 위의 책, p.129. 인용문의 한국어 번역은 필자의 졸역이다.

1937년 2월 4일과 2월 11일, 일본 전국의 영화관에서 이타미 버전과 팡크 버전의 〈새로운 땅〉이 일주일 간격을 두고 공개되었고, 대중의 지지를 받으며 좋은 흥행 성적을 보였다. 3월 23일에는 미쓰코 역할을 맡은 배우 하라 세쓰코(原節子)가 참석한 가운데 독일에서도 개봉되어 언론의 주목을 받았다. 4월 이후에는 파리를 거쳐 미국으로까지 수출됨으로써, 〈새로운 땅〉은 일본 최초의 기획된 '수출 영화'로서 성공을 거두었다고 할 수 있다.

하지만 흥행 여부와는 상관없이 일본 평단에서는 영화 속 '일본적인 것'의 재현 방식에 대해 냉담한 반응을 보였다. 아름다운 일본의 풍광에 찬사를 보내는 평자들도 있었지만, 대체로 "진정한 일본인이 그려져 있지 않다" "작품 속 우리가 보는 일본의 자연과 인생은 '개념화된 일본'을 영화화하기 위해 제멋대로 모아놓은 '수단'일 뿐"[17] 등의 혹평이 대부분이었다. 외국인인 팡크 버전보다 일본인 감독인 이타미 버전에 대한 비난이 더욱 거셌는데, 개인주의와 전체주의, 서양 문명과 일본 문명의 갈등에 대해 철저하게 파고들지 못하고 개념적이고 형식적인 묘사에 그친 데다, 일본의 전통적인 가족제도나 무사도, 희생적 정신 등으로만 일본을 묘사해서는 현대 일본의 올바른 모습을 그려낼 수 없으며, 일본의 풍속·습관의 묘사가 제각각이라 신구(新舊) 일본 문명의 연관성을 발견할 수 없다는 점 등이 비판 받았다.[18]

이렇듯 〈새로운 땅〉은 외국인의 시점과 일본인의 시점으로 각각

---

17 瀬川, 위의 책, p.256.
18 瀬川, 위의 책, p.257.

'일본적인 것'을 연출하고자 최초로 기획된 '수출 영화'였지만, 그것이 현실의 일본을 있는 그대로 묘사했다기보다는 '해외에 보여주고 싶은 일본', 보다 정확히 말하자면 '서양인들이 보고 싶어 하는 일본'을 담아내는 데 그쳤다는 한계를 보였다. 향후 세계 시장에 진출할 일본 영화가 '현실적인 일본의 모습을 어떻게 영화적으로 구현해낼 것인가'라는 문제는, 〈나그네〉 이후의 조선 영화계가 그랬듯 일본 영화계에 남겨진 과제가 되었다.

안철영은 1936년 조선에 귀국하기까지 우파의 팡크에게서 영화 기술을 배운 것으로 알려져 있어, 영화 〈새로운 땅〉의 기획과 개봉에 이르기까지의 과정을 생생하게 지켜보았을 가능성이 매우 높다. 이러한 영화적 체험은 일본 영화에 종속되어 있던 '조선 영화'의 세계영화 시장에서의 위상과 정체성에 대해, 식민지 조선의 영화인으로서 고민할 기회가 되었음에 틀림없다. 영화 〈나그네〉처럼 해외 시장을 노린 '수출 영화'를 무분별하게 모방하기 전에 먼저 '조선 영화의 표준'이 확립되어야 한다는 주장은, 이러한 경험과 고민을 통해 숙성된 그의 영화 인식이었다고 할 수 있다. 그것이 안철영에게는 '조선적인 것'의 영화적 재현이자, "현실성에 대한 영화인의 이니셔티브"를 확보하는 길이었다.

안철영은 1936년 귀국 이후 영화계에 뛰어들기 전까지 조선의 언론 매체를 중심으로 사진 및 영화 평론가로서 활동했다. 특히 컬러 영화의 제작 기술 및 그 원리를 전문적인 지식을 바탕으로 자세히 설명하는 등[19] 영화의 기술적 방법론을 철저하게 추구하였다. 이는 조선 영화가 조선을 보다 현실에 가까운 형태로 구현하기 위한, 그리고 예술적으로 다양한 영화적 표현이 가능하도록 하기 위한 방법론에 대한 모색이라 할 것이다.

3. '수출 영화' <어화>에 그려진 '조선'

1) '현실적 조선'의 재현 방식
  : 보편적 주제와 조선적 특수성의 조합

안철영은 1938년 2월 서병각, 최영수 등과 함께 '극광영화제 작소'를 설립하고 첫 번째 연출작인 <어화> 제작에 나섰다. <어화> 는 일본 쇼치쿠 키네마와의 합작으로 만들어져, 일본의 영화감독 시 마즈 야스지로(島津保次郎)의 감수를 받았다. 경성을 비롯하여 금강산과 동해안, 온양온천 등지를 돌며 촬영을 마치고 도쿄에서 후반 녹음 작 업을 마무리한 <어화>는 1938년 8월 11일 도쿄 쇼치쿠 계열의 영화 관인 아사쿠사의 다이쇼칸(大勝館)과 신주쿠 무사시노칸(武蔵野館)에서 먼저 개봉되었고, [20] 도쿄 개봉 2개월 후인 1938년 10월 16일에 경성 의 고가네자(黃金座)에서 공개됐다.

<어화>의 대략적인 줄거리는 다음과 같다.

황폐한 조선 동해안의 어느 어촌. 가난한 어부 김춘삼(윤북양 분) 은 처와 딸 인순(박노경 분), 지적장애를 앓고 있는 아들 만수 넷이

---

19 「자연을 상징하는 천연색 영화의 구명」(『동아일보』, 1937.9.3.~9.5까지 3회 연재)
20 「漁火 けふから東京で封切らる」(『京城日報』, 1938.8.12.)

서 살고 있지만, 쌓여가는 빚에 괴로워하다 난파하여 사망한다. 채권자인 장용운(나웅 분)은 인순을 첩으로 삼기 위해 빚을 구실로 협박하지만, 인순은 그의 아들인 철수(나웅 1인 2역)의 도움으로 위기를 모면한다. 철수는 상경해서 직업 부인으로 일하고 싶어 하는 인순을 유혹해 함께 경성으로 향하지만, 그녀를 자신의 방에 가두고 유린한다. 인순은 고향 친구인 버스 차장 윤옥분(전효봉 분)의 도움을 받아 가까스로 도망쳐 나오지만, 역시 가난한 옥분에게 폐를 끼칠 수 없어 스스로 기생이 된다. 그러던 어느 날, 술자리에 손님으로 찾아온 철수와 재회하고 비관하여 결국 자살을 기도한다. 그때 옥분의 연락을 받은 옛 연인 최천석(박학 분)이 찾아와 그녀와 함께 고향으로 돌아간다.

위의 줄거리에서 확인할 수 있듯이, 식민지 조선 최초로 독일 유학을 마치고 돌아온 안철영 감독의 데뷔작이자, 당시로서는 드물게 이화여전 출신의 여배우와 식민지 조선 최초의 여성 감독인 전숙희 등이 포진하여, 개봉 전부터 '인텔리' 신인들이 모여 만드는 영화라며 언론의 기대를 모았던 영화 <어화>의 내용은, 막상 공개되니 다소 진부한 멜로드라마였다.

안철영 감독과 극광영화제작소에 걸었던 기대가 컸던 조선의 언론은 1938년 10월 4일 열린 시사회 이후 <어화>에 대한 실망감을 감추지 못했다. 신인의 작품임을 감안하고 시사회에 참석했다는 『매일신보』 1938년 10월 7일자 지면에 실린 영화평의 필자도, 제작 의도에서만큼은 신인다운 기개를 기대했건만 그조차 찾아볼 수 없었다며, <어화>가 "전형적인 신파 비극"이자 "멜로드라마"에 지나지 않는다는 혹평을 쏟아냈다. 또한 일본 관객을 겨냥하여 금강산, 동해안의 수려한 풍광과 더불어 조선의 수도 경성의 도회적인 모습까지 모두 담아낸 이 영화는, 그럼에도 일본 평단에게서도 "심하게 저조한 옛날 신파와 같은 스토리"[21]라며 그다지 호평을 얻지 못했다. 영화 <어화>는 이렇게 '실패한 수출 영화'로 남았다.

그러나 본 장에서는 그러한 '실패'에도 불구하고 안철영이 영화의 '현실성'을 추구한 본인의 영화 인식을 바탕으로 '조선적인 것'을 <어화> 속에 어떻게 재현하고자 시도했는지, 앞 장에서 살펴본 영화 <새로운 땅>과의 연관성 속에서 재고찰해 보고자 한다.

이미 앞서 인용문을 통해 확인해본 대로, 팡크는 <새로운 땅>을 통해 '세계 관객들도 이해할 수 있는' 보편적인 소재에 '일본의 메르헨적인 풍경'을 배경으로 한 '일본 영화'를 만들겠다는 포부를 드러낸 바 있다. 아울러 영화 속에 일본의 '목가적인' 지역의 자연 풍광뿐만 아니라, 발달된 대도시의 풍경도 담아냄으로써 일본의 전통 문화와 근대성을 고루 관객들에게 보여주고자 했다.

안철영의 <어화>는 이러한 팡크의 의도 하에 제작된 <새로운 땅>을 상당 부분 의식하고 있는 것으로 보인다. 이 영화는 인순을 둘러싼 두 남자(최천석, 장철수)와 그녀의 삼각관계를 그린 통속적 멜로드라마로서, <새로운 땅>처럼 가장 보편적인 주제인 남녀 간의 사랑과 이별, 그리고 재회를 다루고 있다. 한편으로는 동해안의 어촌과 금강산의 풍

---

21 滋野辰彦, 「日本映画批評」(『キネマ旬報』1938.9.1.), p.75.(한국영상자료원 엮음, 『일본 어잡지로 본 조선영화 2』, p.145에서 재인용)

경을 통해 조선의 '목가적인' 자연 풍광을 담아내려 노력하고 있는데, 특히 오프닝 장면에서 조선 민요 <쾌지나칭칭 나네>를 부르며 축제를 벌이는 마을 사람들을 기록 영화적인 수법으로 촬영하여 삽입한 것은 <새로운 땅>과의 연관성에 있어 주목할 만하다. 또한 <새로운 땅>이 일본의 자연 풍광과 발달된 대도시의 풍경을 병치함으로써 일본의 전통과 근대적 발전의 균형적 조화를 보여주려 했듯이, <어화> 역시 영화의 후반부는 조선의 수도 경성을 배경으로 삼아 조선의 전통 문화와 근대적 발전상을 균형적으로 보이려 노력했다.

그런데, 이미 살펴보았듯이 일본 최초로 기획된 수출 영화였던 <새로운 땅>은 보편적인 주제와 일본적인 특수성을 조화롭게 담아내고자 했음에도 불구하고, '진정한 일본'을 구현하지 못했다는 비난을 면치 못했다. 또한 한편으로, 조선 영화계에서도 성공한 수출 영화 <나그네>를 둘러싸고 동일한 논란이 벌어졌다는 사실은 앞서 확인한 바 있다. 당시 조선 영화계에서는 '현실적인 조선'을 담은 조선 영화를 희구하고 있었고, 안철영 역시 해외 시장을 노린 영화 <어화>를 기획·제작함에 있어 이러한 고민을 안고 있었을 터이다.

그렇다면, 데뷔작 <어화> 연출 직전 영화의 현실성을 추구해야 한다는 영화 인식을 지면을 통해 강력히 피력한 바 있는 안철영은, <어화>에 '현실적인 조선'을 담기 위해 어떠한 재현 방식을 선택했을까.

먼저 살펴볼 것은 이 영화의 '삼각관계'가 매우 독특한 양상을 보인다는 사실이다. <어화> 속에서 인순의 연인인 천석의 존재감은 굉장히 희미하다. 그는 장철수가 인순에게 반지를 건네는 장면을 멀리서 쌍안경을 통해 발견했음에도 방관할 뿐이다. 인순의 아버지가 죽고 인순이 빚 때문에 장용운의 첩이 될 위기에 직면했을 때에도, 그리고 인순이 장철수와 함께 경성으로 향하는 기차에 오를 때에도, 인순의 연인 최천석의 역할은 '방관자'에 지나지 않는다. 볼일이 있다며 상경해서 인순과 만나기 위해 연적인 철수의 아파트에 들렀을 때조차, 그녀가 없다는 철수의 거짓말을 그대로 믿은 채 돌아가 버린다. 즉 인순과 철수의 관계에서 천석의 존재는 아무런 영향력을 미치지 못한다.

그 대신에, <어화>에는 '인순-철수-(천석)' 이외에 또 하나의 '삼각관계'가 존재한다. '인순-철수-옥분'의 관계가 그것이다. 그러나, 이 관계는 당시 영화에서 곧잘 그려내던 구도―즉, 한 남성(철수)을 둘러싼 모던걸(옥분)과 현모양처형 여성(인순)의 경쟁―가 아니다. 말하자면 삼각관계의 도식에서 '인순의 연인'의 역할을 옥분이 담당하고 있고, 인순을 둘러싸고 철수와 옥분이 대립하고 있다고 해도 좋을 것이다. 장철수의 아파트에서 그녀를 탈출시키는 것도, 인순과 철수의 재회를 '방해'하는 것도, 그리고 철수에 대한 '복수(따귀를 날리는)'를 감행한 것도 옥분이기 때문이다.

이 기묘한 '삼각관계'를 통해, 관객은 옥분이라는 인물에 주목하게 된다. 그렇다면, 여주인공의 친구라는 '조역'으로서가 아니라, '옥분'이라는 인물을 이야기의 전면에 배치함으로써, 안철영 감독이 의도한 것은 무엇일까.

영화 <어화>의 사건이 벌어지는 무대는 '고향'과 '도시(경성)'로 이분화되어 있고, '인순-철수-(천석)'의 관계는 고향에서, '인순-철수-옥분'의 관계는 경성에서 전개된다. 다음 절에서는 선행연구에서는 등한시되어온 영화 속 공간의 의미, 특히 작품 속 '경성'이라는 공간에 주목하여 인순과 옥분, 그리고 철수라는 인물이 이 영화적 공간에 어떻게 '배치'되어 있는지 탐색해보기로 하겠다. 이 작업은 그간 '진부한 멜로드라마'라는 외피 아래 감춰진, '현실적인 조선'을 그려내고자 한 안철영 감독의 의도를 읽어내는 데 유효할 것이다.

2) 영화 〈어화〉 속 공간의 의미

고향에서 인순이 '실내'에 있는 장면은 전혀 없다. 늘 인순은 자연 풍경과 함께 먼 거리에서 원경으로 찍히는 경우가 많다. 물론 이는 어촌 장면은 로케이션 촬영, 경성 장면은 실내 촬영으로 진행되었기 때문이기도 할 것이다. 하지만, 고향에서 다른 인물은 빈번하게 실내외를 드나드는 장면을 삽입한 데 비해, 인순은 늘 자연 풍경 속에 배치되어 있다.

이 영화에서 배경이 되는 여러 공간은 주인공의 미래를 예견하는 '복선'으로 작용하고 있다. 인순과 천석이 산책하는 장면([그림1-1])에서는 잔잔한 바다가 배후에 펼쳐지지만, 철수가 인순에게 반지를 선물하면서 유혹하는 장면([그림1-2])에서 배경이 되는 거친 파도가 일렁이는 바다는 아버지의 죽음의 복선으로 기능함과 동시에, 인순의 밝지 않은 미래를 예고하기도 한다. 철수와 인순이 상경하는 도중 느닷없이(!) 금강산 등산을 하고 폭포 앞에서 사진을 찍는 장면도, 단순히 조선의 자연 풍경을 보이기 위한, 이른바 '조선적인 것'의 재현으로서의 연출 의도뿐만이 아니라, 그 직후에 계속된 경성에서의 공간적 배치와의 대비를 위해 삽입된 것으로 보인다.

[그림 1-1] 인순과 천석의 산책   [그림 1-2] 인순과 철수

반면, 경성에 도착한 인순을 맞이한 것은 경성의 도회적 풍경이 아
니라 비좁은 철수의 방이다. 그리고 철수의 방에 들어온 순간부터 자
살 미수 끝에 귀향하기까지, 인순이 경성의 풍경 속에 위치한 장면은
전혀 없다. 철수의 방 안에서의 인순은, 늘 방안의 가구처럼 움직임
없이 가만히 앉아만 있다([그림2-1]). 옥분의 도움으로 철수의 방을 빠
져나와 옥분의 방으로 옮겨와서도 사정은 별로 달라지지 않는다. 인
순은 여전히 옥분의 방에 틀어박혀, 옥분이 일거리를 찾아주기를 그
저 기다리고만 있다([그림2-2]). 계속 동경해온 경성에 왔지만 그녀는
밖을 당당히 걸어 다니지 조차 못한다. 밖을 걸어 다닐 때도 무언가
불안한 듯 보이는 그녀는, 도시 경성의 '이방인'이자 그 공간에 섞여
들지 못하는 존재인 것이다.

[그림 2-1] 철수의 방 안의 인순　　　　[그림 2-2] 옥분의 방 안의 인순

　빚을 변제하기 위해 자신의 의지로 상경을 결심한 인순이기는 했지만, 경성에 와서부터는 시종 철수에게 휘둘리고, 옥분의 도움이 없으면 아무것도 할 수 없는 무력한 존재로 그려진다. 그런 그녀가 옥분이 버스 차장으로 일하며 방값도 내지 못하는 생활을 하는 걸 알게 된 순간, 다시 자신의 의지로 움직인다. 옥분의 방을 나와 직업소개소를 찾아간 것이다([그림3-1]). 그러나 다음 장면에서는 아무도 없는 공원 벤치에 앉아 연못을 들여다보며 절망하는 인순이 등장한다([그림 3-2]). 그녀는 경성에서 일자리를 찾지 못했던 것이다. 결국, 그녀는 기생이 되어 다시금 방안에 갇히고 만다([그림3-3]).

[그림 3-1] 직업소개소를 찾아간 인순

[그림 3-2] 절망하는 인순   [그림 3-3] 기생이 된 인순

이처럼 안철영은 인순이라는 인물을 영화적 공간 속에 어떻게 '배치'하는가에 따라 그녀를 경성이라는 도시 공간에 녹아들지 못하는 존재로서 그려내고 있는데, 이러한 영화적 연출을 통해 안철영이 의도한 것은 무엇일까?

영화의 시작 부분에는 인순을 포함한 마을 처녀들이 빨래를 하며 잡담을 나누는 장면이 등장한다. 그녀들의 화제는 상경하여 기생(그녀들의 표현을 빌면 "갈보")이 된 친구의 얘기다. 이 장면의 대화를 통해, 이 시골 처녀들이 도시 경성은 타락의 온상이며, 고향을 떠나 상경한

174

여자는 모두 타락하여 매춘을 하는 신세가 될 수밖에 없다는 편견을 지녔음을 알 수 있다. 그중에서 인순만이 자신만만한 어조로 "그건 개가 똑똑치 못해서 그런 거지 뭐."라고 반박한다. 그러나 이 장면은 영화 후반부의 복선이기도 했다. 결국 그러던 인순조차 상경해서 기생이 되고 만다는 아이러니를 통해, 안철영은 영화 <어화>를 어떤 시골 처녀의 '상경 실패담'으로 엮어내고 있는 것이다.

일찍이 평론을 통해 "영화 제작의 본의는 현실사회의 테마를 가장 진보적 세계관에서 접근하는 것"이라 강조한 바 있는 안철영은, 그때까지의 조선 수출 영화에서 '조선적인 것'의 재현 수단으로만 등장했던 '기생'이라는 존재를 도시의 주변적 존재로서 등장시켜 인순이 기생이 된 것은 그녀가 "똑똑치 못해서"가 아니라, 그녀 개인으로서는 어쩔 도리가 없는 사회적·시대적 벽이 존재하고 있었음을 역설적으로 보여준다. 1921년부터 1939년 사이 식민지 조선의 수도 경성의 인구(조선인) 변동 추이를 보면, 지방에서의 유입 인구가 1935년부터 폭발적으로 증가하고 있음을 알 수 있다.[22] 이 시기에 농촌의 빈곤을 해결하기 위해 일자리를 찾아 상경한 지방민이 급격하게 증가한 것이다. 인구의 급격한 유입으로 인해 거대 도시로 성장해가던 식민지 도시 경성은, 도시에 유입된 사람들이 새로운 시민 계급을 형성하며 공간을 다층화해간다. 즉, 식민자/피식민자라는 구도에 더해 도시/지방,

---

22 1921년에는 188, 648명이었던 경성 내 조선인 인구는 1935년에는 284, 633명, 1936년에는 541, 828명, 1939년에는 632, 118명에 달하고 있다(『朝鮮総督府統計年報』1921~1939 참조).

인텔리/무식자(無識者), 노(勞)/사(使), 그리고 성(性)에 대한 새로운 개념의 도입에 따른 남성/여성 등 복잡하고 중층적인 대립 구도를 내포하게 된 것이다. 그렇게 다층화된 경성이라는 도시 공간에서 항상 '주변'에 위치할 수밖에 없었던 식민지 조선의 어떤 시골 출신 여성 인순의 비극을 통해, 안철영은 1930년대 후반 식민지 조선의 현실을 그려냈다고 할 수 있다.

이런 관점에서 볼 때 영화 <어화>에서 '상경 실패담'은 인순만의 이야기가 아니다. 안철영은 도시 노동자라 할 수 있는 버스 차장으로 일하는 옥분, 그리고 영화의 결말 부분에서는 실업자가 되는 철수까지도, 결국은 도시 경성의 구성원이 될 수 없었던 경성의 내부적 타자로서 그려내고 있다. 결국 <어화>는 지방민의 상경 실패담이기도 하고, 도시 경성의 그늘에 존재하는 주변적 존재에 대한 이야기를 통해, 식민지 조선의 수도·경성의 있는 그대로의 모습에 대해 이야기하고자 한 작품으로 읽어낼 수 있을 것이다. 그리고 이 작품이 담고 있는 이야기는, 영화의 현실성을 추구해온 안철영이 식민지 조선의 있는 그대로의 현실을 담아낸 가장 '조선적인' 소재이자, 누구나 공감할 수 있는 가장 '보편적인' 주제로서 해외 관객들에게 소구되기를 기대했던 것이기도 했다.

4. 맺음말

이 글에서는 조선 영화의 해외 수출에 대한 논의가 활발하게 이루어졌던 1930년대 후반 제작된 조선 영화 <어화>를, 감독 안철영의 영화 인식을 중심으로 살펴보았다. <어화>는 동시대에 유행했던 농촌(어촌)을 배경으로 한 조선의 로컬 컬러를 짙게 띤 영화이기도 했지만, 1930년대의 식민지 도시 경성의 이면을 드러낸 영화이기도 했다. 그 이면이란, 도시 경성의 그늘에서 살아가는 주변적 존재— 말하자면 근대 도시로서 발전해나가던 경성 내부의 '타자'의 발견에 대한 이야기였다.

주목해야 할 점은 그들이 일자리를 찾아 상경한 지방민이며, 결국 모두 '좌절'하고 말았다는 사실이다. 농촌에서 도시로의 노동 인구 이동은 자본과 노동 사이의 불균등한 발전을 낳으며 지역·계급간 격차를 만들어냈고, 도시로 몰려든 '망명자'들을 실업자의 모습으로 가시화했다. 결국 영화 <어화> 속 인물들의 좌절(상경 실패담)은, 진전된 도시화가 초래한 탈영역화와 고향 상실의 경험을 형상화시킨, 1930년대 후반 식민지 도시 경성의 생생한 '현실'로서 읽어낼 수 있을 것이다.

이러한 고찰을 통해, 이 글에서는 '진부한 멜로드라마'로서 수출 영화의 실패작으로 여겨졌던 영화 <어화>를 일제강점기 당시 식민지 조선의 현실을 반영한 영화로서 다시 읽기를 시도했다. 향후 과제는 영화 <어화>에서 '조선적인 것'의 재현을 위해 안철영이 독일에서 익힌 영화적 기법을 구체적으로 어떻게 구사하고 있는지를 살펴보는 것이다. 이 영화의 오프닝 씨퀸스와 엔딩 씨퀸스에서는 민요 '쾌지나칭 칭 나네'를 연주하는 어촌 사람들을 기록 영화적인 수법으로 촬영하여 삽입하고 있는데, 그가 해방 이후 첫 연출한 영화가 하와이 이민자들의 삶을 담은 기록영화였음을 상기할 때, 이러한 방법론에 대한 탐색은 일제강점기 이후에도 '조선적인 것'의 재현 방법을 고심했던 안철영의 영화 세계를 탐색하기 위해서도 필수적이라 할 것이다.

이 글은 졸고 「1930년대 후반 조선 영화의 해외 진출 시도에 대한 일고찰―안철영의 〈어화(漁火)〉(1938)를 중심으로」(『아시아문화연구』, 2021.4)를 부분적으로 수정한 것이다.

참고문헌

단행본

김려실,『투사하는 제국 투영하는 식민지』, 삼인, 2008.

김종원,『한국영화감독사전』, 국학자료원, 2004.

영화진흥공사,『한국 시나리오 선집 1 : 초창기~1955』, 집문당, 1982..

한국영상자료원 엮음,『일본어잡지로 본 조선영화 2』, 한국영상자료원, 2012.

瀬川裕司,『『新しき土』の真実』, 平凡社, 2017.

논문

강성률,「1930년대 로칼 칼라 담론 연구」,『영화연구』33호, 한국영화학회, 2007.9.

김려실,「조센을 조센화 하기—조선영화의 일본 수출과 수용에 대한 연구」,『영화연구』34호, 한국영화학회, 2007.12.

김수남,「한국영화의 과학화를 도모한 실무의 민족주의 영화작가 안철영의 영화인생론」,『영화교육연구』제7집, 한국영화교육학회, 2005.12.

문재철,「1930년대 중반 조선 영화 미학의 변화에 대한 연구」,『영상예술연구』제10호, 영상예술학회, 2007.5.

박소연,「문화번역 및 번역된 젠더에서 바라 본 식민 여성—1938년 작 조선 영화〈어화〉를 중심으로」,『여성문학연구』제35호, 한국여성문학학회, 2015.12.

심혜경,『안철영 텍스트를 통해 본 대한민국 설립 초기 '조선 영화' 연구—〈무궁화동산〉과『성림기행』을 중심으로』, 중앙대학교 첨단영상대학원, 2012.

_____,「조선 영화 최초의 천연색(天然色) 전발성(全發聲) 호화판 안철영 감독의

　　〈무궁화 동산〉(1948)」, 『영화천국』vol.32, 한국영상자료원, 2013.8.

이경민, 『한국근대사진사 연구—사진제도의 형성과 전개』, 중앙대학교 첨단영상대
　　학원, 2011.

이화진, 「식민지 영화의 내셔널리티와 '향토색'—1930년대 후반 조선 영화 담론 연
　　구」, 『상허학보』13호, 상허학회, 2004.

＿＿＿, 「〈나그네〉라는 사건 : 조선 영화의 일본 진출과 '조선색'」, 『조선 영화란
　　하오』, 창비, 2016.

임다함, 「1930년대 후반의 조선 영화가 그린 「조선다움」의 의미—영화 『나그네』(1
　　937)를 둘러싼 논쟁을 중심으로」, 『일본언어문화』44호, 한국일본언어문화
　　학회, 2018.10.

정민아, 『1930년대 조선 영화와 젠더 재구성』, 동국대학교 박사논문, 2010.

정종화, 「조선 영화는 어떻게 '반도 예술영화'로 호명되었는가」, 『사이間SAI』제20
　　호, 국제한국문학문화학회, 2016.5.

자료

남궁옥, 「조선 영화의 최고봉 『나그네』를 보고 (下)」, 『매일신보』, 1937.4.25.

서광제, 「이규환 작 나그네」, 『매일신보』, 1937.4.24.

안형주, 『안철영 자료 (1) 안철영 영화감독 사진』, 안형주 컬렉션, 1924.

＿＿＿, 『안철영 자료 (2) 신문·잡지·저서』, 안형주 컬렉션, 1934.

안철영「수출 영화와 현실—장혁주·내도설부 씨의 〈나그네〉 평론을 읽고」, 『동아
　　일보』, 1937.9.11.

＿＿＿, 「자연을 상징하는 천연색 영화의 구명」, 『동아일보』1937.9.3.~9.5.

＿＿＿, 〈어화〉, 1938.

来島雪夫, 「『旅路』」, 『映画評論』, 1937.6.

張赫宙, 「『旅路』を観て感じたこと」, 『帝国大学新聞』, 1937.5.10.

「漁火 けふから東京で封切らる」, 『京城日報』, 1938.8.12.

「半島映画を語る(3)」, 『京城日報』, 1938.11.8.

『朝鮮総督府統計年報』1921~1939.

Arnold Fanck, *Die Tochter des Samurai*, 1937.

남북일(南北日)로 흐르는 임진강

____

재일영화 〈박치기!〉

김계자(金季杍)

1. 머리말

2021년 현재 한일 관계는 최악이라고 한다. 매스컴을 통해 보도되는 북일 관계도 연일 경색 국면을 이어가고 있다. 남북 관계 역시 2018년 평창올림픽을 계기로 최근에 큰 진전이 있는 듯 보였지만, 다시 원점으로 되돌아가고 있다. 그렇다고 해서 피상적인 현상만으로 그간의 노력이 허사였다고 말할 수는 없다. 적어도 한국전쟁이 일어난 시점부터 현재까지를 생각하면 남북 관계가 크게 진전되어 분단 극복의 노력이 증대되었고, 한일·북일 간의 대립과 갈등도 조금씩 개선되어 왔다고 할 수 있다.

이러한 의미에서 이 글은 1960년대에 재일조선인이 서 있었던 남북일(南北日)을 포괄하는 지점을 현재적 관점에서 새롭게 환기시키고자 한다. 이를 위해 재일영화 〈박치기!(パッチギ!)〉에 그려진 재일조선인의 삶을 통해 한반도의 남북과 일본의 관계성이 재편되는 1960년대에 주목하고, 한일과 북일이라는 2개국 관계를 넘어 '남북일'이라는 포괄적인 시좌(視座)에서 새로운 흐름을 만들어내고 있는 재일(在日)의 지향점에 대하여 생각해 보겠다.

1960년대에 재일조선인[1]의 존재 규정과 현실 생활에 큰 변곡점이 되는 두 번의 계기가 있었다. 하나는 1951년부터 시작되어 7차례의 회담 끝에 1965년에 조인된 「한일기본조약」과 부속협정의 체결(이하, 「한

---

1 이 글에서 칭하는 '재일조선인'은 국적이 아니라 민족명으로 사용하고 있는 개념이며, 해방 이래 일본의 매스컴에서 자주 언급된 동시대적 맥락을 살리고자 그대로 사용한다.

일협정」)이다. 이 협정으로 일본이 한국을 한반도의 유일한 합법정부로 인정하면서 재일조선인에게 '한국'은 국적의 의미를 가질 수 있게 된 반면에, '조선'은 출신지 혹은 민족을 나타내는 기호에 머물러 있어야 하는 차이가 생겼고, 결과적으로 남북 분단은 더욱 고착화되었다. 한 영혜는 한일협정으로 인하여 일본에서 "그동안 동등했던 한국과 조선의 법적 지위는 차등화되었다"고 지적하며, 특별법에 의거해 새롭게 생긴 협정영주권 재류자격은 "이후 재일한인 사회에서 한국과 조선 사이의 국적 표기 변경" 문제와 맞물리며 민단과 총련의 갈등을 야기했다고 말했다.[2]

이러한 국적 표기를 둘러싼 갈등은 특히 북한으로 건너간 가족이 있는 재일조선인의 경우에 복잡한 양상을 띠었다. 왜냐하면 향후 북일 간의 관계나 가족 간의 왕래를 생각하면 한국과 일본 사이에서만 허가된 특별 협정영주권을 쉽게 신청할 수 없었기 때문이다. 더욱이 한일협정이 체결된 전후(前後)의 시기는 북한 '귀국사업'이 한창이었기 때문에 한일 간에, 그리고 북일 간에 갈등이 커지면서 재일사회의 분열도 커질 수밖에 없었다.

이와 같이 1960년대의 재일사회에 큰 변화를 가져온 또 하나의 계기가 바로 위에서 언급한 재일조선인 북한 '귀국사업(The Repatriation Project)'이다. '귀국사업'은 1959년 말에 시작되어 1967년까지 이어지다 중단되었고, 1971년에 사업이 재개된 후 1984년까지 단속적(斷續的)

---

2 한영혜, 「'한국'과 '조선' 경계 짓기와 경계 넘기―국민 정체성의 재구성과 생활의 전략―」, 『경계와 재현―재일한인의 국적, 사회 조사, 문화 표상―』, 한울, 2020, p.48.

으로 이어졌는데, 사업이 시작된 1960년대 초기에 귀국자 수가 가장 많았다.3 그런데 「한일협정」이 북일 간에 진행되고 있던 '귀국사업'을 제지할 목적으로 장시간 끌어온 회담을 해결하려는 움직임 속에 체결되었고4, 이후 귀국사업의 열기는 식어갔다. 그리고 1967년을 끝으로 귀국사업은 중단되었고, 1971년에 재개된 이후에는 귀국자 수가 격감했다. 여기에는 「한일협정」을 전후한 한일 관계의 변화가 주요 요인으로 작용했음은 말할 것도 없다.5 결과적으로 귀국사업으로 인하여 한반도의 남쪽이 고향인 많은 재일조선인이 북한으로 '귀국' 아닌 '이주'6를 한 셈이고, 한일·북일 간의 관계가 엇갈리면서 이후 한국으로도 또 일본으로도 돌아올 수 없는 분단과 이산의 시간이 현재까지 이어지고 있다.

즉, 1960년대에 한일 간에 체결된 「한일협정」과 북일 간에 진행된

---

3 귀국자 수 총 93, 340명 중에서 1967년까지 귀국한 사람이 88, 467명으로, 사업 전반기인 1960년대에 귀국자가 많았음을 알 수 있다. 특히, 사업 초반의 1960년(49, 013명)과 1961년(22, 801명)에 귀국자 수가 몰려 있고, 이후 점차 감소하였다.

4 귀국사업 실시를 전후하여 이를 제지하려는 한국 정부와 민단의 대응은 민지훈의 연구에서 상세히 고찰하고 있다(閔智熏, 『韓国政府の在日コリアン政策(1945-1960)—包摂と排除のはざまで—』, クレイン, 2019, pp.157-194).

5 강상중은 "「한일 기본조약」 조문의 현실적 운용이 한국의 해석에 가까워지면서 북일 교섭은 제약을 받았고, 그 결과 일본과 북한은 70년 이상 국교를 체결하지 못한 채 비정상적 상태로 이어지게 되었다"고 하며, 「한일협정」이 북일관계의 난항에 영향을 끼쳤다고 지적했다(강상중 지음, 노수경 옮김, 『한반도와 일본의 미래』, 사계절, 2021, p.99).

6 호주의 역사학자 테사 모리스 스즈키는 당시 '귀국(repatriation)'이라는 용어가 사용됐지만, 사실 한반도의 남쪽이 고향인 대다수의 재일조선인이 북한으로 건너가는 것은 '귀국'이나 '돌아가는 것(returning)'보다는 낯선 사회를 향해 떠난 것이기 때문에 '이주'로 보는 것이 타당하다고 지적했다(테사 모리스 스즈키 지음, 한철호 옮김, 『북한행 엑서더스—그들은 왜 '북송선'을 타야만 했는가?』, 책과함께, 2008, p.7).

'귀국사업'은 결과적으로 재일조선인 사회의 분단을 초래했고, 한민족의 이산(離散)을 한반도와 일본 사이에서 광범위하고 더욱 복잡하게 만들었다. 그리고 1970년대에 들어 중단된 '귀국사업'이 재개되는데, 이는 「한일협정」에서 식민지배에 대한 책임문제가 제대로 다루어지지 않았고, 재일조선인의 법적 지위에 대한 차별 완화의 논의도 제대로 이루어지지 못했기 때문에, 협정의 미진한 부분에 대한 불만이 1971년에 '귀국사업'이 재개되었을 때 북한 귀국의 동인(動因)으로 작용한 부분이 있다. 더욱이 1967년을 끝으로 귀국사업이 일시 중단되었다 1971년에 재개되었을 때는 이미 귀국한 사람들로부터 '지상의 낙원'으로 선전한 북한의 허상이 전해지면서 귀국자 수가 격감하는 상황이었기 때문에, 그럼에도 불구하고 귀국 결심을 하는 데에는 북한이나 조총련의 정치적인 유인책도 물론 있었겠지만, 일본사회에 대한 비판과 한국에 대한 실망감이 크게 작용했을 것으로 생각된다. 북한은 재일조선인이 희구하는 귀착지로서의 의미보다 목하의 일본사회, 또 한일관계에 대한 비판적 성격이 크다고 할 수 있다.

〈박치기!〉에도 귀국사업 중단 시기에 북한으로 귀국할 결심을 하는 등장인물 '리안성(李安成)'이 나온다. 그런데 '안성'은 영화의 결말 부분에서 너무나 간단하게 북한 귀국을 단념해 버린다. 그렇다고 일본사회에 대한 저항의 태도가 없어진 것도 아니다. 지금까지 싸워 온 것처럼 앞으로도 저항해 갈 생각을 비친다. '안성'과 재일조선인 친구들이 일본인 학생들과 벌이는 싸움은 치열하되, 엄숙하거나 심각한 일변도의 싸움으로는 그려지지 않는다. 이들의 싸움에서 1960년대 말에 한반도의 남과 북, 일본의 어디에도 귀속되기를 거부하는 재일조선인 젊은 층의 분출하는 감성과 저항의 메시지를 읽어낼 수 있다. 영화 속 시공간으로 들어가 보자.

2. 영화 〈박치기!〉의 시공간과 재일조선인

〈박치기!〉는 1968년 교토를 배경으로 한 영화로, 2005년 1월에 일본에서 개봉되었다. 감독 및 각본은 이즈쓰 가즈유키(井筒和幸, 1952.12~), 총지휘 감독은 재일 2세 이봉우(李鳳宇, 1960~), 음악은 1960년대 후반에 포크 크루세이더즈(ザ・フォーク・クルセダーズ, 이하 '포크루') 그룹으로 데뷔한 가토 가즈히코(加藤和彦, 1947~2009)가 맡았다. 제작배급은 이봉우가 대표로 있는 시네콰논(シネカノン)[7]이다. 한국에서는 2006년에 개봉되었다.

영화의 원작은 마쓰야마 다케시(松山猛, 1946~)의 소설 『소년 M의 임진가와[8](少年Mのイムジン河)』이다. 이 책에서 중학생 M, 즉 마쓰야마는 어렸을 때 자신이 살던 교토의 일상생활 속에서 재일조선인과 접한 이야기를 하고 있는데, 조선중고급학교에 축구시합을 하자고 이야기하러 갔다가 〈림진강〉 멜로디를 처음으로 들은 에피소드가 영화에 그대로 들어가 있다. 이후, 마쓰야마는 일제강점기 이래 뿔뿔이 흩어져 살고

---

7 '시네콰논'은 2010년에 실적 악화로 도쿄지방재판소에 민사재생 수속을 신청하였고, 이후 작품을 제작하고 있지 않다.
8 1968년에 포크 크루세이더즈가 부른 노래는 〈임진가와(イムジン河)〉로 표기하고, 북한에서 창작된 원곡은 〈림진강〉, 그 밖에 특정하지 않을 경우는 〈임진강〉으로 통칭하여 표기함으로써 노래를 부르는 주체와 가사 내용과의 관련성을 고찰하고자 한다.

있는 '조선인'에 관심을 갖게 되었고, 당시 이슈였던 북한 '귀국사업'으로 주위의 재일조선인이 북한으로 귀국하는 것을 본 체험담, 포크루 밴드에 <림진강> 노래의 일본어 버전을 제안하여 1966년에 포크루가 처음으로 <임진가와>를 부를 때까지의 과정을 적고 있다. 즉, 이 책은 마쓰야마 다케시가 <림진강>의 가사를 일본어로 '번역'[9]한 노래 <임진가와>가 만들어지기까지의 과정을 적은 자전적 소설이다.

이 소설에서 마쓰야마 다케시는 자신이 2절과 3절에 일본어 가사를 창작해 덧붙인 이유를 다음과 같이 적고 있다.

> 나는 분단된 나라 사람들의 진짜 기분을 전혀 알 수 없었습니다
> 만, 북조선(북한-인용자주)으로 귀국해서 더 이상 만날 수 없게 된 친
> 구들이나, 지금 세계에서 계속 일어나고 있는 상호 불신을 머리에
> 그리면서 언젠가 꿈꾸던 날이 올 것을 믿으며 가사를 썼습니다.[10]

위의 인용에서 "지금 세계에서 계속 일어나고 있는 상호 불신"은 베트남전쟁을 가리키고 있다. 즉, 마쓰야마는 동시대의 베트남전쟁에 대한 반전 메시지를 포함하여, 한국전쟁 후에 더욱 분단이 고착화된 상황 속에서 귀국사업으로 북한으로 떠난 사람들을 그리워하며 가사를 만들었다고 술회하고 있는 것이다. 이와 같이 일본어 창작 가사가

---

9 북한에서 창작된 <림진강> 원곡은 2절까지인데, <임진가와>에서는 1절은 거의 일본어로 번역한 것이고, 2절과 3절은 마쓰야마가 창작한 가사이다. 따라서 '번역'이라고 보기 어려우나, 일본음악저작권협회(JASRAC)에 '譯詞:松山猛'로 되어 있으므로 '번역'으로 표기한다.

10 松山猛, 『少年Mのイムジン河』, 木楽舎, 2002, p.45.

188

추가된 <임진가와>는 분단 극복의 메시지가 담겨 있는데, 가사의 직접적인 내용으로는 한반도의 남북분단을 노래하고 있지만, 재일조선인과 북한 사이에 가로놓인 분단을 안타깝게 생각하는 마음도 담겨있음을 알 수 있다.

마쓰야마와 마찬가지로 교토 출신인 이봉우는 마쓰야마의 책을 읽고 자신이 살아 온 곳의 이야기에 흥미를 느끼고 영화를 제작하게 되었다. <박치기!>에 앞서서 이봉우가 처음으로 제작한 영화 <달은 어디에 떠 있는가(月はどっちに出ている)>(1993)도 재일조선인 이야기를 다루고 있는데, 원작인 양석일의 소설 『택시광조곡(タクシー狂躁曲)』(1981)을 영화화한 것이다. 이봉우는 이 영화에서 원작에 없는 필리핀 여성 '코니'를 등장시켜 재일조선인 외에도 일본사회에 마이너리티로 살고 있는 사람들의 모습을 담아냈는데, "결코 '재일'만을 위한 자위적인 영화가 아니며 보다 글로벌한 보편성을 가진 재패니즈 무비"[11]로 기획했음을 밝혔다.

<박치기!>도 원작과 많이 다르다. 원작은 영화의 일부로 들어간 정도이고, 등장인물과 내용 모두 범위가 크고 메시지성도 강해졌다. 이봉우는 "시나리오 작업에 들어갈 때부터 《소년 M의 임진가와》에서는 아이디어만 빌리고 책 내용과는 전혀 다른 오리지널 시나리오가 필요하다는 것을 인식하고 있었다. 그래서 1968년이라는 시대적 배경과 '림진강' 멜로디를 조선학교에서 듣게 되는 일본 남학생의 에피소

---

11 이봉우 편저, 정수완·채경훈 옮김, 『《달은 어디에 떠 있는가》를 둘러싼 두세 가지 이야기』, 보고사, 2020, p.34.

드만 가져오고 나머지는 리얼한 청춘 드라마를 구축하기로 했다"고 말했다. 그는 "'임진강'이라는 노래가 발매 중지된 시기를 배경으로, 금지곡이 된 노래와 그 노래를 어떡하든지 부르고 싶어 하는 사람들의 갈등을 축으로 이야기를 풀어나가기로" 하고, "조선고등학교 학생과 일본 학생 사이의 아슬아슬한 긴장감"이나 "1960년대에 청춘을 보낸 이들의 생생한 모습"을 담아내고자 했다고 술회했다.[12]

이러한 기획의도로 볼 때, 앞선 〈달은 어디에 떠 있는가〉에 비하면 〈박치기!〉는 "글로벌한 보편성"보다는 오히려 '재일'의 삶에 더 밀착하여 제작한 것을 알 수 있다. 그렇다고 "'재일'만을 위한 자위적인 영화"는 물론 아니다. 일본과 한국, 북한을 포괄하는 동시에 국가나 민족 중심주의에서 벗어난 재일조선인의 관점이 1960년대 후반의 동시대적 분위기 속에 잘 어우러져 있다.

영화의 무대가 된 곳은 교토(京都) 가모가와(鴨川) 강에 인접해 있는 히가시쿠조(東九条) 히가시마쓰노키초(東松ノ木町)이다. 이곳은 이봉우가 태어나 생활한 곳으로, 그의 원체험이 영화에 들어 있다. 이봉우가 가모가와 주변에 산재해 있는 조선인 부락과 피차별 지역을 영화의 공간적 배경으로 설정한 것은 빈부 격차가 심한 도시 교토에서 재일조선인이 가장 많이 살고 있는 지역이기 때문에 재일의 역사성과 현재의 모습을 잘 보여줄 수 있을 것으로 생각해서이다. 박실(朴實)의 설명에 의하면, 이 지역에 재일조선인이 살게 된 것은 1920년대부터인데, 1965년에는 인구가 3만 명을 넘을 정도로 촌락이 크게 형성되었고,

---

12 이봉우 지음, 임경화 옮김, 『인생은 박치기다』, 씨네21, 2009, pp.24~28.

1993년부터 페스티벌 '히가시쿠조 마당'을 개최해 민족 교류의 장이
되어 온 곳이다.[13]

영화의 배경이 된 재일조선인 부락을 일본인 거주지와 분리시켜 보
여주고 있는 것이 가모가와 강이다. 등장인물 '경자(李慶子)'와 '고스케
(松山康介)'가 서로에 대한 좋은 감정을 확인하는 장면이 있는데, 고스
케가 가모가와 강을 건너 와 경자와 이야기를 나누면서 두 사람은 서
로에 대한 마음을 확인한다. 그러나 경자는 고스케의 자신에 대한 호
감을 받아들이면서도, "만일 나랑 고스케랑 계속 사귀다가, 만일에 결
혼하게 되면 조선인이 될 수 있어?" 하고 묻고, 이에 대하여 고스케
는 대답을 하지 못하고 페이드아웃(fade-out)으로 고스케의 표정이 소
멸되면서 장면이 전환된다. 이는 재일조선인과 일본인 사이에 가로놓
인 경계는 강을 건너오는 정도로 간단히 해소될 수 없으며, 어느 한
쪽이 다른 한 쪽에 수렴되는 방식으로는 해결될 수 없는 경계를 보여
주고 있다.

가모가와 강을 사이에 둔 재일조선인과 일본인의 경계는 강의 양쪽
에 진을 치고 중간에서 만나 패싸움을 벌이는 장면에서도 연출된다.

---

13 박실, 「히가시쿠조(東九条)」, 국제고려학회 일본지부 『재일코리안사전』편찬위원회
   편, 정희선 외 역, 『재일코리안사전』, 선인, 2012, pp.491~492.

[장면 1] 재일조선인   [장면 2] 일본인

[장면 3] 싸움 장면

위의 장면에서 보듯이, 카메라는 먼저 적은 수의 재일조선인 청년들을 보여주고([장면 1]), 이어서 강 건너편에 있는 많은 수의 일본인을 보여준 다음([장면 2]), 양쪽에서 강으로 동시에 뛰어들어 싸움하는 장면([장면 3])으로 이동한다. 이는 재일조선인과 일본인 사이의 힘의 비대칭을 보여주며, 이들 사이에서 벌어지는 폭력이 일본사회에 근원적으로 존재하는 구조적 문제에서 비롯된 것임을 상징적으로 보여주는 장면이다. 이와 같이 재일조선인 촌락을 중심으로 하는 가모가와 강 주변의 공간은 재일조선인과 일본인 사이에 가로놓인 경계를 보여주는데, 양자가 죽음도 불사하고 폭력을 행사하고 또 되갚으면서 서로 얽히고설켜 관계를 이어가는 모습이 영화의 시작부터 마지막까지 그

려진다.

이상에서 보듯이, 영화의 공간적 배경은 내용의 상징성을 더하고 있는데, 이봉우는 촬영 시 특히 신경을 쓴 부분이 당시의 공간을 재현하기 위한 화면의 '색조'였다고 말했다. 1968년이라는 설정이 미묘한 '옛 시절'의 재현을 필요로 하여, 감독과 카메라맨이 여러 차례 테스트를 한 끝에 '긴노코시(銀残し)' 기술로 완성했다고 밝혔다. '긴노코시'는 필름을 약품 처리하는 과정에서 표면의 은염 성분을 없애지 않고 색소와 함께 필름 속에 남겨서 채도를 낮추거나 독특한 색채를 만들어내는 기법인데, 이봉우는 '긴노코시' 기법을 사용함으로써 "'그리 오래되지 않은 과거'인 1968년 거리를 재현할 수 있었다"고 회상한다.[14] 이봉우는 왜 색조까지 신경을 쓰며 '그리 오래되지 않은 과거'의 재현에 신경을 쓴 것일까?

영화가 개봉된 2000년대 중반은 전후 베이비붐 세대에 해당하는 이른바 '단카이(団塊)' 세대가 정년퇴직을 하는 시기로, 자신들의 청춘시절을 되돌아보는 내용의 책이나 영화가 다수 나왔다. 한국 드라마 <겨울연가>가 일본에서 인기를 모은 것도 이때이다. 과거에 자신들이 청춘시절을 보냈던 때를 회상하며 순수하고 좋았던 시절을 향수(nostalgia)하는 시선이 깃들어 있다. 그런데 1960년대를 노스탤지어로만 바라보는 시선에는 문제가 있다. 아시아는 제2차 세계대전 이후 한국전쟁과 베트남전쟁을 치르며 냉전(Cold War) 아닌 열전(Hot War)의 시대를 살았고, 특히 1960년대는 한국은 물론이고 일본도 학생운

---

14 이봉우 지음, 앞의 책, p.49.

동이 거세게 인 정치의 계절이었다. 이러한 1960년대를 노스탤지어 감각으로 지나간 시절을 아름답게 관조하는 베이비붐 세대의 감성은 전후 일본이 냉전의 이데올로기에 편승하여 감상적(感傷的)인 정서로 정치색을 약화시킴으로써 보수적이고 퇴행적인 역사인식과 아시아 인식을 되풀이해 온 전형적인 양태이다.

이봉우가 색조를 신경 쓰며 1960년대를 소환하려고 한 것도 동시대의 이러한 노스탤지어 감각이 어느 정도 반영되어 있다고 할 수 있다. 그렇다고 <박치기!>에 정치색이 소거되어 있는 것은 아니다. 우선, 영화의 시간적 배경인 1968년의 '전학공투회의(全學共鬪會議, 이하, '전공투')' 학생운동의 고양된 분위기가 짤막한 장면이지만 몇 차례 나온다. 1960년대 말은 전 세계적으로 기성사회를 향한 학생들의 저항이 분출하는 시기였다. 전공투 운동은 고도경제성장과 대중소비사회의 도래를 맞이하여 감성의 해방과 욕망의 분출이 만들어낸 사회현상이었다고 할 수 있는데, 당시 교토대학을 중심으로 전개된 전공투 운동의 고양된 분위기가 영화에 재현되어 있다. 2000년대 중반에 특히 집단적 체험의 기억을 갖고 있는 전공투 운동을 반추하는 논의가 많았다.[15] 2005년에 개봉된 이 영화의 제작진에 단카이 세대가 많고, 또 등장인물 '안성'과 주변 친구들도 단카이 세대인 점을 생각하면, 등장인물들이 보여주는 감성과 저항을 통해 과거의 기억을 반추하려는 제작 당시의 분위기가 어느 정도 반영되었을 것으로 짐작된다.

---

15 송인선, 「반역하는 '단카이(團塊)'—전공투(全共鬪)와 일본의 대중사회—」, 『현대문학의 연구』50, 2013, p.50 참조

이봉우가 이 시기를 '그리 오래되지 않은 과거'로 언급한 것은 오래전 이야기처럼 잊혔지만 사실은 그리 오래되지 않았다는 의미로, 경제성장과 대중화사회로의 변화 속에서 급속히 잊혀져간 1960년대의 기억을 새롭게 환기시키려는 의도로 보인다. 그리고 전공투 운동을 진지하고 엄숙하게 재현하지 않고 코믹한 장면으로 처리함으로써 당시를 냉소적이고 조롱하는 시선으로 회상하고 있는 측면도 있다.

그런데 전공투 운동은 영화의 배경으로 처리되어 있고, 등장인물들의 이야기 속으로 직접 개입하지는 않는다. 어디까지나 후경(後景)으로만 배치되어 있는 것이다. 대신에 전공투 운동이나 베트남 전쟁 반대 데모를 후경으로 한 재일조선인 청년들이 동년배의 일본인과 벌이는 치열한 패싸움이 전경화(前景化)된다. 그리고 당시 북일 간에 진행 중인 재일조선인 북한 '귀국사업'이 화제에 오른다. '안성'이 북한으로 귀국할 결심을 하는데, 귀국사업은 전년인 1967년을 끝으로 중단된 상태여서 사업 재개를 기다리며 내린 결정이었다. 1968년 당시에 귀국사업을 둘러싼 재일조선인의 인식과 그 의미가 영화 속에서 어떻게 표현되고 있는지 살펴보겠다.

3. 1960년대 한일·북일 문제를 넘어

'귀국사업'을 통해 북한으로 가겠다는 안성의 송별회가 공원에서 열리는 장면이 있다. 안성이 "우리나라에 돌아가면 잘 하겠습니다. 사회주의 건설을 위해 한 몸 바치겠습니다."고 말한 후에 부산에서 밀입국한 김일(김타로)을 소개하는데, 이를 보고 있던 경자 가게의 단골 아저씨가 "일본에선 남도 북도 없어. 교토에선 통일이야. 그렇지." 하고 말한다. 이에 안성이 "통일하면 우리 서로 서울역 앞에서 만나자."고 말한다. 여기에 일본인 청년 고스케가 등장하여 경자와 같이 〈임진가와〉를 노래하는 전개이다.

[장면 4] 공원 송별회 장면

한국에서 온 '김일'은 스토리상 등장의 필연성이 있는 것은 아니다. 주요 등장인물이 조총련계 재일조선인이기 때문에 재일사회의 남과 북을 조합해서 통일 화두를 만들어 내기 위하여 한국에서 도일한 인물을 등장시킨 것으로 보인다. 여기에 일본인 고스케까지 합류시켜 재일사회의 남과 북, 그리고 일본인이 함께 어우러진 모습을 보여주고자 만든 작위적인 설정이 보이는 장면이다.

이러한 당위적인 설정보다 오히려 동시대적 분위기를 현실적으로 보여주는 것은 '재덕(안성의 친구)'의 조부가 말하는 대사이다. 그는 북한으로 귀국하려는 안성과 주변 사람들이 작별인사를 나누는 것을 보면서, "일본은 나가라고 하고, 한국은 귀국시키지 말라고 하고, 적십자는 뭐하는 건지", "민단 놈들은 지옥 같은 데를 왜 가냐고 난리고"라고 하면서, 귀국사업을 둘러싸고 일본과 한국의 무책임을 비판하고, 그 사이에서 재일조선인이 처한 복잡한 현실을 토로한다.

재덕의 조부의 대사에서 또 한 군데 주목할 곳이 있다. 재덕이 일본인에게 폭력을 당해 죽는 사건이 벌어지는데, 조문을 온 고스케에게 재덕의 조부는 돌아가라고 울부짖으며 다음과 같이 이야기한다.

> 너, 요도강에 떨어진 조개 주워 먹어본 적 있어? 둑에 핀 잡초 풀 먹어본 적 있어? 우리나라에서 조용히 농사짓던 사람한테 불쑥 종이 한 장 내밀더니 트럭에 실려 왔어. 할머니는 우셨어. 논바닥에 주저앉아서 피눈물을 흘리셨어. 부산에서 탄 배 위에서 바다에 뛰어들어 죽을까도 생각했어. 온 나라가 텅텅 비도록 끌려 왔단 말이다. 너희 일본 젊은 놈들이 뭘 알아. 지금 모르면 앞으로도 절대 모르는 거야, 이 등신들아! 우린 너희하곤 달라. (중략) 너희가 뭘 알아. 아무것도 몰라. 그러니까 나가줘! 너희가 먹다 남긴 돼지밥 훔쳐 먹다가 야쿠자한테 걸려서 발목이 부러졌어.

위의 인용에서 보듯이, 재덕의 조부는 일제강점기 이래 자신이 체험한 비참한 삶과 일본인에게 받은 폭력을 토로하며 식민지배에 대한 책임의식이 결여된 전후 일본사회에 대하여 비판하고 있다. 특히, 밑줄 친 부분에서 알 수 있듯이 이러한 일본사회의 문제에 대하여 무자

각한 일본인 젊은 층을 향해 통렬한 비판을 쏟아내고 있다. 최근에 일본의 역사수정주의의 공고화와 재일조선인을 향한 혐한의 극대화를 보건대, 젊은 층의 올바른 역사인식이 중요하다는 것은 새삼 강조할 필요도 없을 것이다. 이 영화의 주요 등장인물이 젊은 층으로 구성된 점을 생각하면, 전술한 귀국사업을 둘러싼 비판과 아울러 재일조선인 문제를 식민에서 냉전으로 이어진 통시적인 시점에서 인식해야 함을 젊은 세대에게 환기시키고 있는 대사이다.

그렇다면 '안성'은 왜 북한으로 가려고 하는 것일까? 안성은 학교 화장실에서 친구들과 이야기를 나누다, "결심했어. 난 공화국으로 돌아갈게" 하고 일본어가 아닌 우리말로 불쑥 귀국 이야기를 꺼낸다. 왜냐고 의아해하는 친구들에게, "우리나라 선수로서 월드컵 나갈 거야"라고 대답한다. 그리고 귀국 시기는 전술한 바와 같이 1968년은 귀국사업이 중단된 때였기 때문에 사업이 곧 재개될 것으로 생각하며 "다음 여름 넘어서" 귀국하겠다고 말한다. 그런데 영화의 마지막 부분에서 여자친구인 모모코가 아들을 낳자, "나, 돌아가는 것 그만둘래" 하고 간단히 귀국을 단념해 버린다. 귀국하겠다는 결심도, 또 포기도 즉흥적이고 가볍게 그려진다. 이에 모모코가 "가도 돼. 우리도 따라갈게. 당연히 같이 가야지"라고 말하는데, 이후 귀국사업이 재개된 후에 안성과 모모코가 북한으로 갔는지는 알 수 없다. 즉, 안성에게 북한으로 귀국할 것인지 말 것인지의 결정은 상황에 따른 일종의 선택일 뿐, 조국이나 민족에 대한 진지한 고민이나 정치적 신념은 보이지 않는다. 재덕의 조부를 통해 표현된 재일 디아스포라로서 느끼는 슬픔 같은 내면적인 정서도 안성을 통해서는 볼 수 없다. 안성의 일본사회를 향한 주장은 '폭력'으로 표출된다. '박치기'로 대표되는 폭력이 바로 안성의 의사소통의 수단인 것이다.

'재덕'의 장례를 치른 뒤 '안성'과 친구들은 재덕을 죽인 일본인 무리와 가모가와 강에서 결투를 벌이는데, 싸움의 발단은 일본인 학생이 재일조선인 여학생을 희롱하며 폭력을 가한 트러블에서 비롯되었다. 이에 조선학교 학생들이 집단으로 일본 학생에게 폭력으로 맞대응하였고, 수학여행 차를 뒤집어 버린다. 이후, 다시 폭력으로 되갚는 과정이 반복되면서 결국 재덕이 일본인에게 죽임을 당한 사건이 발생하였고, 가모가와 강에서의 결투로 이어진다. 극중에서 일본학교 교사가 학생들에게 폭력을 '전쟁'에 비유하며 "전쟁을 통해 전쟁을 반대한다"는 말을 하는데, 영화의 시작부터 끝까지 전쟁 같은 폭력이 이어진다. '폭력'만큼 영화에서 빈출하는 단어가 바로 '전쟁'이다. 한국전쟁이나 베트남전쟁 같은 실제의 전쟁 외에도, 비유로서 전쟁이나 평화를 언급하는 장면이 많다. 그런데 강에서의 집단 싸움은 '무승부'로 끝나고, 마치 게임을 계속하듯 앞으로도 싸움이 이어질 것을 암시하며 영화는 끝난다.

흥미로운 점은 가모가와 강에서 패싸움을 벌이고 있는 장면이 고스케가 라디오 방송국에서 〈임진가와〉 노래를 부르는 장면과 교차편집으로 제시되는 방식이다. '교차편집(cross cutting)'은 같은 시간대의 다른 공간에서 일어나는 일을 번갈아 보여주는 방식인데, [16] 각각의 상황을 서로 대비시켜 보여줌으로써 극적 긴장감이 고조된다. 고스케가

---

16 김형석 지음, 『영화 편집─역사, 개념, 용어─』, 아모르문디, 2019, p.53.

부르는 〈임진가와〉에 어떤 의미가 담겨 있는지 생각해 보겠다.

4. 〈림진강〉의 변용과 '남북일'이라는 시좌

극중에 포크루의 〈임진가와〉 레코드가 발매중지된 사건을 이야기하는 장면이 나온다. 1968년에 포크루의 2탄 싱글앨범 〈임진가와〉가 발매를 앞두고 조선총련(재일본조선인총연합회)의 항의로 발매가 중지되는 사태가 벌어졌다. 당시의 발매 중지 상황부터 2002년에 앨범이 다시 공개될 때까지의 과정을 기록한 기타 요시히로(喜多由浩)의 『〈임진가와〉이야기(『イムジン河』物語)』(アルファベータブックス, 2016)에 관련 내용이 상세히 기록되어 있다.

이 책에 의하면, 포크루는 〈림진강〉이 조선에 전해 내려오는 민요로 생각했고 작사·작곡자가 특별히 존재한다는 인식이 없는 상태에서 앨범을 내려고 했는데, 조선총련 측에서 북한에서 창작된 독창곡임을 적시하고 앨범에 '조선민주주의인민공화국'이라는 정식 국명을 넣어 북한의 창작곡임을 명기하라고 요구한 것이다. 그런데 앨범을 내기로 한 도시바레코드(東芝音楽工業) 측은 당시가 한일협정이 체결된 지 얼마 되지 않은 시점인데다 북한과는 국교정상화가 이루어지지 않았기 때문에 국제관계상의 문제를 고려하여 발매 중지를 결정한 것이다.[17]

〈림진강〉은 원래 북한에서 1957년에 소프라노 독창곡으로 창작되

---

17 喜多由浩, 『『イムジン河』物語)』, アルファベータブックス, 2016, pp.14~57.

어 1960년 무렵에 조선총련을 통해 재일사회에 전해졌다. 이를 마쓰야마 다케시가 조선학교에서 접하고 재일조선인을 통해 내용과 가사를 들은 다음에 일본어 가사를 덧붙인 경위는 전술한 대로이다. 마쓰야마는 포크송으로 〈임진가와〉를 만들었고, 이것이 1968년 발매중지 소동을 일으키며 일본사회뿐만 아니라 북한이나 한국에도 알려지게 된 것이다.

그런데 사실 〈임진가와〉는 발매중지 2년 전인 1966년에 이미 앨범으로 나와 있었다. 아마추어 시절의 포크루가 자체 제작한 앨범 〈하렌치(ハレンチ)〉(1967)에 〈임진가와〉가 수록되어 있었다. 이 과정은 영화 속에서 배우 오다기리 조(オダギリジョー)가 고스케 일행에게 설명해주는 장면으로 보여준다. 그런데 〈하렌치〉에 수록된 가사는 1968년에 2탄 싱글앨범으로 제작한 〈임진가와〉와는 구성이 조금 다르다. 〈하렌치〉에는 일본어역 1절, 마쓰야마 창작 2절, 조선어 원곡 1절, 일본어역 1절의 순서이다. 그런데 〈임진가와〉에는 일본어역 1절, 마쓰야마 창작 2절, 3절의 순서로, 조선어 원곡은 들어있지 않다.

<림진강> 　　　　　　　(1957, 박세영 시, 고종한 곡)	<イムジン河> 　　(1968, JASRAC 作詞:朴世永, 作曲:高宗漢, 　　　　　編曲:加藤和彦, 譯詞:松山猛)
림진강 맑은 물은 흘러흘러 내리고 뭇새들 자유로이 넘나들며 날건만 내 고향 남쪽 땅 가구퍼도 못가니 림진강 흐름아 원한 싣고 흐르느냐 강 건너 갈밭에선 갈새만 슬피 울고 매마른 들판에선 풀뿌리를 캐건만 협동벌 이삭바다 물결 우에 춤추니 림진강 흐름을 가르지는 못하리라	イムジン河水清く　とうとうと流る 水鳥自由に群がり飛び交うよ 我が祖国　南の地　想いははるか イムジン河水清く　とうとうと流る 北の大地から　南の空へ 飛び行く鳥よ　自由の使者よ 誰が祖国を　二つに分けてしまったの 誰が祖国を　分けてしまったの イムジン河空遠く　虹よかかっておくれ 河よ想いを　伝えておくれ ふるさとを　いつまでも　忘れはしない イムジン河水清く　とうとうと流る

　기실 마쓰야마의 일본어역 1절도 엄밀히 말하면 조선어 원곡을 그대로 번역한 것이라고는 볼 수 없다. '뭇새(뭇새)'를 '물새(水鳥)'로 번역한 오역이나, '고향'을 '조국'으로 의역한 것은 차치하고, 1절의 4행 부분을 보면, "림진강 흐름아 원한 싣고 흐르느냐"를 "임진강 맑은 물은 흘러흘러 내리네(イムジン河水清く　とうとうと流る)"로 번역하여 '원한'이라는 말을 소거하였다. 임진강 물줄기에 가탁한 '원한'이라는 시어에는 분단과 전쟁뿐만 아니라, 특히 식민에서 분단으로 이어진 세월을 과거에 자신들을 억압하던 구 식민본국에서 보내야 했던 재일조선인에게는 여러 의미가 중첩되어 있을 것이다. 일제강점기에 나라를 잃은 식민지 기억부터 해방 이후에도 일본에서 차별과 천시를 견디며

202

마이너리티로 살아 온 한(恨) 맺힌 정서가 '원한'에 들어 있는 것이다. 그만큼 재일조선인이 부르는 노래는 북한에서 불리는 원곡의 의미와 정서가 다를 수밖에 없다. 그런데 '원한'이 빠진 일본어역은 결과적으로 한반도의 남과 북에 그 의미가 한정되어 버리기 때문에, 재일조선인의 심경을 오롯이 담아내지 못하고 분위기가 사뭇 달라진 것을 알 수 있다.

또 한 군데 살펴볼 곳은 원곡의 2절이다. '강 건너', 즉 남한에서는 "매마른 들판에서 풀뿌리를 캐건만"에 표현된 것과 같이 궁핍한 생활을 하고 있는데, 이와 대조적으로 북한은 "협동벌 이삭바다 물결 우에 춤추니"에서 보듯이 경제적으로 풍요롭다는 것을 찬양하여 프로파간다 성격을 띠기 때문에 〈임진가와〉에서는 2절 전체를 삭제하고, 일본어 창작가사로 바꾼 것이다. 남과 북의 비교대조보다는 남북을 자유로이 넘나드는 새에 가탁하여 분단 극복의 바람을 노래한 것으로 생각된다.

여기에서 궁금한 것은 "누가 조국을 두 개로 나누어 버렸는가(誰が 祖国を 二つに分けてしまったの)"의 "누가"가 누구냐인 것이다. 즉, 한반도 분단의 책임 소재이다. 일본어 작사자 마쓰야마 다케시는 한반도를 분단시킨 주체를 누구라고 상정하며 이 가사를 쓴 것일까? 영화 속 술집 장면에서 손님들이 나누는 대화를 살펴보자.

술집 장면
- 남북분단, 비극이지. (중략)
- (조선이 일본의 식민지였을 때-인용자 주) 60 아니 70만 명이 소,

돼지처럼 일본으로 끌려왔어.
- 그 다음엔 소련과 미국이 전쟁을 일으켜서 조선을 놓고 서로
  가지려고 싸웠지.
- 그게 아니라 중간에 끼어든 중국이 제일 나빠. 소련제 장갑차
  앞세워서 우르르 떼거지로 (중략)
- 미국이 원자폭탄도 떨어뜨리려고 했어.
- 전쟁으로 5백만이 죽었어.
- 5백만이나?
- 지금도 휴전 중이니까. 아직 끝난 게 아니라 잠시 쉬는 중이
  라고. (중략)
- 애초에 38선인지 뭔지 선 그은 놈들이 나빠.
- 그놈들은 세계 도처에 선을 마구 그어댔어. 반도의 이쪽은 내
  것, 저쪽은 네 것. 불만 없지?

　위의 장면은 냉전시대에 일본이 아시아를 바라보는 시각을 단적으
로 보여준다. 즉, 일제강점기에 조선인이 일본으로 끌려 온 사실은 인
정하지만 남북 분단은 미소가 대립한 결과이고, 미국의 원자폭탄 투
하나 중국에 대한 비판은 잊지 않고 있으면서 일본의 책임은 넌지시
빠져 있다. 그러나 냉전시대의 가장 큰 수혜자가 일본이라는 사실을
모르는 일본인은 없을 것이다. 동아시아 냉전에 대한 책임 소재에서
과연 일본이 자유로울 수 있을까?
　마루카와 데쓰시(丸川哲史)는 "일본은 냉전에 휩쓸려 들어갔던 것이
아니라 냉전 성립의 당사자임을 부인하며 슬며시 미합중국과의 합작
으로 냉전을 성립시켜왔다"고 지적하고, 38도선의 분할선은 "1945년
이전 제국 일본의 지배영역 구분에 따른 것"으로 "관동군과 조선군의

관할을 나누는 분계선"이었던 점을 생각하면, "일본을 제외한 동아시아 여러 지역에서 제국의 지배와 냉전구조가 어떠한 차이를 담재한 채 연속성의 양상을 드러내고 있다는 사실"을 주지시켰다.[18] 다시 말해서, 전후의 동아시아 냉전 구조는 일본 제국주의시대 체제의 연속선상에 있다는 것이고, 전후에 일본이 미국과의 동맹관계를 이용하여 아시아에서 세력을 확장해 간 과정 속에서 동아시아의 냉전이 고착화된 점을 지적하고 있다. 마루카와가 일본을 "냉전 성립의 당사자"로 단정한 것도 이러한 이유에서이다.

위의 술집 장면에서 드러난 것과 같이, 한반도의 분단에 대하여 일본에 면죄부를 주는 전후 일본사회의 인식을 이봉우 감독과 제작진이 비평성을 갖고 상대화한 구성으로 보기에는 한계가 있다. 1968년의 일본사회 이슈에서도, 또 재일조선인과 일본인의 갈등 속에서도 어쩔 줄 몰라 하며 소극적으로 대응하는 고스케의 눈물겨운 서정성이 비평성을 삼켜버리고 클로즈업되기 때문이다.

영화의 마지막 결투 장면과 교차하며 고스케가 부르는 〈임진가와〉는 일본어역 1절, 마쓰야마 창작 2절, 마쓰야마 일본어역 1절을 조선어로 부르기, 마쓰야마 창작 3절의 순서로, 일본어와 조선어를 번갈아

---

18 마루카와 데쓰시 지음, 장세진 옮김, 『냉전문화론―1945년 이후 일본의 영화와 문학은 냉전을 어떻게 기억하는가―』, 너머북스, 2010, pp.37~38. 밑줄은 인용자에 의함. 마루카와는 타이완과 중국 대륙 사이에서 긴장관계에 놓여 있는 타이완해협에 대하여, 일본제국주의 시대에 "항일전쟁이 일어났던 대륙지역과 그 반대로 침략전쟁의 인재 공급원이었던 타이완 사이에 가로놓인 분할선"(p.38)이었음을 언급하며, 38도선의 분할과 마찬가지로 1945년 이전의 일본제국의 지배가 동아시아의 냉전에 끼친 영향을 고찰하고 있다.

가며 노래를 부르고 있지만, 노랫말 자체는 일본인의 관점이 반영되어 있다고 할 수 있다. "누가 조국을 두 개로 나누어 버렸는가" 하고 울면서 노래하는 고스케의 모습에서 재일조선인의 처지에 대한 동정 외에 다른 자각은 찾아보기 어렵다. 그렇기 때문에 영화의 마지막에서 교차편집으로 보여주는 노래 장면과 싸움하는 장면은 일견 맞물려 보이지만, 엇갈리는 동상이몽을 보여주는 느낌마저 준다. 라디오에서 흘러나오는 고스케의 〈임진가와〉를 듣고 경자가 그를 만나러 가는 것으로 막을 내리는 영화의 마지막 장면을 과연 해피엔딩으로 간단히 정리할 수 있을까?

영화의 결말은 없다. 재일조선인과 일본인의 싸움은 무승부로 끝나서 앞으로도 싸움은 계속될 터이고, 안성과 모모코가 북한으로 귀국했는지의 여부는 영화 속에서 보여주지 않는다. 고스케와 경자의 친밀해진 관계도 '조선'이라는 기호에 노출되는 순간 다시 얼어붙을지도 모른다. 요컨대 중요한 것은 이야기의 결말이 아니라, 재일조선인을 둘러싼 다양한 각도의 문제들을 총체적으로 생각해볼 계기를 이 영화가 만들어주고 있다는 점이다. 1960년대의 「한일협정」과 '귀국사업'으로 노골화된 한일과 북일 간에 벌어진 불편한 현실 속에서 일본사회에 맞서 저항하는 재일조선인의 모습이 이러한 자각을 불러 일깨우고 있다.

안성과 친구들이 가모가와 강을 건너 벌이는 싸움은 일본과의 경계를 넘는 것이면서, 동시에 그 너머에 있는 한일, 북일 간의 제한된 관계에 대한 도발이기도 하다. 왜냐하면, 한일이나 북일 간의 관계는 재일조선인의 삶에서 생각하면 일부의 단면일 뿐으로, 어느 한쪽을 선택해야 한다면 재일사회의 분단과 이산의 골은 깊어질 수밖에 없을 것이다. 「한일협정」과 '귀국사업'의 결과가 바로 이러한 문제를 그대로 보여주고 있다.

북한에서 창작된 〈림진강〉 노래가 재일사회가 매개가 되어 일본에서 새롭게 탄생하고, 최근에는 양희은, 임형주, 적우를 비롯한 여러 가수들이 이 노래를 불러 한국에도 널리 알려졌다. 또 일본에서 각색된 〈임진가와〉가 북한에 소개된 사례도 있다. 전술한 〈임진가와〉 발매중지 문제로 도시바 측과 중재역에 나선 사람은 재일본조선문학예술가동맹의 음악부장을 역임한 이철우(李喆雨)였다. 그는 2001년 방북 공연 때 김연자가 부를 곡목에 〈림진강〉을 넣었는데, 남북통일의 바람을 넣어 가사를 약간 바꾸었고, 김연자는 이 노래를 김정일 앞에서 불러 화제를 모았다. 이철우는 재일 2세로, 양친과 형제가 모두 귀국사업으로 북한으로 건너간 상태였기 때문에, 일본에서 듣던 노래를 북한에서 들으며 이산의 슬픔을 한층 더 느꼈을 것이다.[19] 이와 같이 〈임진강〉은 남과 북, 일본의 어느 한쪽의 관점에서가 아니라, 서로 다른 주체에 의해 전유되고 변용되어 왔다고 할 수 있다.

남북일에서 각각 불리고 있는 〈임진강〉 노래가 모두 같은 정서와 의미를 담고 있는 것은 물론 아니다. 부르는 장소와 주체에 따라 변용을 거듭해 왔기 때문이다. 그렇기 때문에 더욱 전체를 아우르는 다른 층위의 관점이 필요하다고 생각한다. 그것이 노래이든, 분단이든,

---

19 사례로 소개한 이철우의 기획과 김연자가 부른 〈림진강〉에 대한 내용은 기타 요시히로(喜多由浩), 앞의 책, pp.120~121에 상술되어 있음.

아니면 동아시아의 평화이든 말이다. 이러한 의미에서 <박치기!>는 남북일의 영화라고 할 수 있다. 한일과 북일이라는 제한된 관계를 넘어 '남북일'이라는 포괄적인 시좌에 서 있었던 1960년대 재일조선인의 모습을 통해 그로부터 50여 년이 지난 현재 우리가 지향해야 할 방향성을 영화가 일깨워주고 있다.

5. 맺음말

이상에서 영화 <박치기!>를 대상으로 한반도의 남북과 일본의 관계성이 재편되는 1960년대의 재일조선인의 삶을 고찰하고, 한일과 북일이라는 2개국의 제한된 관계를 넘어 '남북일'이라는 포괄적인 시좌에서 새로운 흐름을 만들어내는 재일 문화에 대하여 생각해 보았다.

일본은 북한과 1959년부터 '귀국사업'을 시작하여 1960년대 초반에 7만 명이 넘는 재일조선인이 북한으로 건너갔다. 그리고 또 한편으로는 한국과 1965년에 「한일협정」을 체결하여 한일 간의 실리를 우선적으로 관계를 운용해 가면서, 북일 교섭은 제약을 받았고 이내 중단되었다. 이러한 속에서 '귀국사업'이 재개되기를 기다리며 북한으로 귀국할 결심을 하는 '안성'과 주변 사람들의 이야기를 통해 1960년대의 한일·북일 간의 사이에서 재일사회가 맞닥뜨린 불편한 현실과 갈등, 저항을 영화 <박치기!>를 통해 살펴보았다.

안성과 친구들이 일본인 또래들과 맞붙어 싸우고 되갚는 폭력은 1968년 당시 전공투 운동의 고양된 분위기를 배경으로 분출되는데, 이들의 제각기 맞물리지 않는 감성과 욕망의 분출은 사뭇 진지하게 충

돌하다가도 어느 순간 코믹하게 처리되어 버리고, 극단적인 폭력도 무위(無爲)의 축제로 전도되어 버리는 게임처럼 갈등구조를 단숨에 아무렇지도 않은 양 끝내버리는 희비극(喜悲劇)이 영화 속에 펼쳐져 있다.

이와 같이 <박치기!>는 1960년대의 한일·북일 간의 제한된 관계 속에서 남·북·일의 어디에도 귀속하기를 거부하는 재일조선인 젊은 세대의 분출하는 저항을 담아내고 있다. 영화의 모티브가 된 포크루의 <임진가와>가 원곡인 <림진강>으로부터 변용된 과정에서 보이듯이, 남북일을 아우르는 층위의 포괄적인 시좌에서 재일사회를 대상화할 때에 비로소 한반도의 남북과 일본 사이에서 폭넓게 벌어진 분단과 이산의 문제와 마주할 수 있을 것이다.

식민에서 냉전을 거치며 더욱 고착화되고 복잡해진 한민족의 분단과 이산을 극복하고 통일의 숙원을 안고 있는 현재, 한반도의 남북과 일본 사이에서 관계가 재조정된 1960년대의 문제군은 아직도 현재진행형이다. 이러한 문제를 풀어가기 위해서는 이 시기에 한일 간에, 그리고 북일 간에 나뉘고 이산된 재일조선인에게서 그 실마리를 찾는 방법도 유효할 것이다. 이러한 의미에서 이 글은 1960년대에 재일조선인이 서 있었던 남북일을 포괄하는 시좌를 현재적 관점에서 환기시키고 재일문화가 만들어내는 새로운 흐름을 살펴본 것이다.

이 글은 졸고 「누가 조국을 두 개로 나누었는가—남북일의 영화 <박치기!>-」 (『아시아문화연구』, 2021.4)를 부분적으로 수정한 것임.

참고문헌

단행본

강상중 지음, 노수경 옮김, 『한반도와 일본의 미래』, 사계절, 2021.

김형석 지음, 『영화 편집—역사, 개념, 용어—』, 아모르문디, 2019.

마루카와 데쓰시 지음, 장세진 옮김, 『냉전문화론—1945년 이후 일본의 영화와 문학은 냉전을 어떻게 기억하는가—』, 너머북스, 2010.

이봉우 편저, 정수완·채경훈 옮김, 『《달은 어디에 떠 있는가》를 둘러싼 두세 가지 이야기』, 보고사, 2020.

이봉우 지음, 임경화 옮김, 『인생은 박치기다』, 씨네21, 2009.

테사 모리스 스즈키 지음, 한철호 옮김, 『북한행 엑서더스—그들은 왜 '북송선'을 타야만 했는가?』, 책과함께, 2008.

논문

박실, 「히가시쿠조(東九条)」, 국제고려학회 일본지부 『재일코리안사전』편찬위원회 편, 정희선 외 역, 『재일코리안사전』, 선인, 2012.

송인선, 「반역하는 '단카이(團塊)'—전공투(全共鬪)와 일본의 대중사회—」, 『현대문학의 연구』50, 2013.

한영혜, 「'한국'과 '조선' 경계 짓기와 경계 넘기—국민 정체성의 재구성과 생활의 전략—」, 『경계와 재현—재일한인의 국적, 사회 조사, 문화 표상—』, 한울, 2020.

喜多由浩, 『『イムジン河』物語』, アルファベータブックス, 2016.

松山猛,『少年Mのイムジン河』, 木楽舎, 2002.
閔智君,『韓国政府の在日コリアン政策(1945-1960)―包摂と排除のはざまで―』, クレイン, 2019.

한류에서 K-Pop이 되기까지

<hr>

이승희(李丞烯)

1. 머리말

　　한류(韓流, [할:류], Korean wave)의 사전적 의미는 '우리나라의 대중문화 요소가 외국에서 유행하는 현상. 1990년대 말에 중국, 일본, 동남아시아에서부터 비롯되었다'라고 국립국어원의 표준국어대사전에서 밝히고 있다.[1] 그간 '한류'의 출발에 대한 다양한 논의가 있었으나 '무엇을 한류로 정의하느냐'에 따라 그 시초가 달라 최초 발원(發源)을 적시(摘示)하기 어렵다. 한류의 정의는 '한류 수용자 측과 생산자 측의 관점', '문화콘텐츠로서의 한류 범위', '공식과 비공식의 문화콘텐츠 수출 경로', '리메이크와 더빙의 제한 범위' 등에 따라 그 시기와 나라가 달라질 수 있기 때문이다.

　　'한류'란 단어의 효시(嚆矢)에 대해서는 그간 정설(定說)이 없었으나 홍유선·임대근(2018)의 「용어 한류(韓流)의 기원」에서 '대중문화 용어로서의 한류(韓流)는 1998년 12월 17일 대만 『연합만보(聯合晚報)』에서 기원했으며, 경제 현상 용어로서의 한류(韓流)는 1997년 12월 12일 대만 『중국시보(中國時報)』에서 기원했다'는 사실을 밝혔다.[2] 이어 진경지(2019:225-232)에서 사료학을 이용하여 이를 구체적으로 증명하였다.

　　이에 대해 중국은 '한류' 단어의 최초 사용은 '1999년 10월 19일 중국의 『북경청년보(北京靑年報)』에 처음으로 등장'했다고 중국 최대 포털 사이트 바이두(百度)의 백과사전에서 기술하고 있다.[3] 이러한 배경에는

---

1 https://opendict.korean.go.kr/dictionary/view?sense_no=1357970
2 홍유선·임대근, 「용어 한류(韓流)의 기원」, 『인문사회21』제9권 5호, 사단법인아시아 문화학술원, 2018.
3 https://baike.baidu.com/item/%E9%9F%A9%E6%B5%81/29167

'한류'의 명명(命名)이 『연합만보(聯合晚報)』보다 1년 늦기는 하지만 『북경청년보(北京靑年報)』에 사용된 '한류' 용어를 한국 정부에서 공식 채택했다고 믿는 데서 기인한다. 그러나 1999년 한국 정부에서 사용한 <韓流(한류)-Song from Korea>의 '한류' 용어가 『북경청년보』의 '한류' 기사에서 인용한 것이라는 주장에 대한 구체적 자료도 없고, 이를 입증할 만한 그 어떤 증거도 없다. 또한 'K-Pop'의 용어 역시 정착과정이 불분명하고 현재까지도 국내와 국외에서 다른 의미로 사용하고 있다. 국내에서는 한국 대중음악 중 아이돌이 주축이 되어 생산된 화려한 퍼포먼스가 가미된 음악으로 해외에서 알려진 음악을 의미한다. 따라서 일반 대중이 향유하는 '가요'의 범주 중 일부만을 포함하는 용어이다. 그러나 그 일부가 무엇을 지칭하는지 명확히 구분하기는 어렵다. 한류와 더불어 한류의 큰 줄기인 K-Pop 역시 누구나 알고 있는 것 같지만 누구도 정확히 알지 못해 서로 이해하는 바가 다르다.

K-Pop 이전에도 발라드, 트로트는 존재하였으나 K-Pop 이후에는 K-트로트와 K-발라드는 네오트로트, 복고발라드로 구분한다. 동일한 장르에 K를 부여할 만한 어떤 스타일이 가미된 것이다. 해외에서도 과거에는 한국의 대중음악 전반을 지칭하는 용어로 사용하였으나 최근에는 한국의 영토와 해외 특정 시장을 벗어난 다국적 창작물의 의미로 통용되고 있는 듯하다.

오늘날 글로벌 시장을 휩쓸고 있는 한류의 동력은 1990년대 후반 드라마에서 시작되었다. 2000년대 초반 일본 대중문화 개방이라는 사회·경제적 배경이 도화선이 되어 중국 일본 및 동남아권의 드라마 수출이 용이해지면서 드라마에 출연했던 배우의 노래는 별다른 마케팅 없이도 한국의 가요를 쉽게 알릴 수 있었다. 이점 때문에 한류는 드라마와 함께 가요가 알려지면서 한류와 K-Pop을 동일한 의미로 사용하기도 하고, 넓게는 대중음악이나 드라마뿐만 아니라 영화, 게임, 공연예술 등 문화콘텐츠 전반을 아우르는 용어로, 좁게는 한국의 TV 드라마를 일컫는 용어로 사용하기도 한다. 과연 한류는 어떠한 양상으로 진화하고, 그 이면에는 어떤 문화 정책과, 사회적 변화가 상호작용하였는지 시대별 문화산업정책의 변천사와 연관 지어 살펴보고자 한다.

2. 한류의 진화

한류는 크게 세 단계에 걸쳐 진화했다. 진화 단계에 따라 '한류 1.0-한류 2.0-한류 3.0'이나 '한류 1기-한류 2기-한류 3기' 혹은 '한류 생성기-한류 심화기-한류 확산기' 등의 다른 용어를 사용하고 있다. 그러나 각 단계에 해당하는 시기나 주요지역, 문화콘텐츠 등은 서로 비슷하다. 일반적으로 한류 1.0과 한류 2.0은 한류 1기와 한류 2기로 분류되어, 각각 한류 생성기와 한류 심화기로 지칭한다. 이 시기는 '신한류'의 용어 등장 이후는 이에 대응하여 '초기 한류' 혹은 '구한류'로 분류하기도 한다. 한류 3.0은 한류 3기로 한류 확산기에 해당하며 이시기는 초기 한류와 구분 지이 신한류로 분류한다. 내용적인 측면에서 초기 한류는 협력을 통한 문화 교류의 차원이었다면, 신한류는 한국 문화체육관광부의 'K-컬처'에 기반을 둔 정부 주도 경향을 보인다.

한류 2.0의 용어는 사용자 참여 중심의 쌍방향 인터넷 환경인 웹

2.0의 사용으로 한류가 퍼져나가는 현상을 고려한 신조어이다. 인터넷 상에서 정보를 보여주기만 하는 일방향 형태의 웹 1.0에 비해 웹 2.0 은 사용자가 웹에 직접 참여하여 만드는 블로그(Blog), 블로그의 링크를 만들어주는 트랙백(track back), 좋아하는 웹페이지에 주석을 달고 공유할 수 있게 해주는 소셜북마킹 딜리셔스(del.icio.us)을 통해 정보를 소비 공유하는 사용자 참여 중심의 쌍방향 인터넷 환경을 의미한다. 그 뒤를 이어 이명박 정부의 'K-컬처 3.0', 박근혜 정부의 '크리에이티브 코리아 4.0'의 용어가 탄생하였다. 이후 2.0 3.0 4.0과 유사한 맥락으로 2.0 이전을 1.0이라 칭하고 한류의 발전 단계 표시로 사용하고 있다. 그러나 현재의 한류는 드라마 중심의 초기 한류와는 그 양상이 많이 달라졌고, 대중가요뿐만 아니라 뷰티, 패션, 푸드, 게임, 의료까지 그 영역이 확대되었다. 3.0 이후의 K-Pop 신한류는 디지털 환경의 발달로 글로벌화되면서 한국어를 못하는 외국인 멤버와 외국인 안무가와 작곡가, 다국적 연출팀으로 이루어진 K-Pop 공연을 한류 시스템으로 포함할 수 있는가에 대한 근본적인 물음을 제시하고 있다.

1) 한류 태동기: 1990년대 중·후반

본격적인 한류가 시작되기 전이었던 이 시기는 1989년 해외여행 자유화 조치로 그 이전의 단계적 완화 조치가 아닌 해외여행 전면 자유화가 이루어진 시기이다. 비디오가 방송 녹화에 사용되던 시기에 해외여행 자율화 조치는 정부 차원의 공식적인 드라마 수출이 아니더라도 비디오테이프로 녹화된 TV 드라마가 여행객을 통해 현지인과 교포 사이에 많이 알려지게 되었다. 특히 1992년 한 · 중 수교 이후 비공식적으로 한국의 드라마가 비디오로 중국에 유입되었으며 공식적으로는 1993년 중국중앙방송국(China Central Television)에서 MBC 드라마 '질투'(MBC 1992년 作)가 방영되었다. 공식적인 첫 해외 방영이기는 하나 중국에서의 반응은 지극히 미미하였다.

수용자 측의 관심을 받은 국내 드라마의 공식적인 첫 해외 방영의 시초는 '마지막 승부'(MBC 1994년 作)로 94년 대만에서 방영되었다. 뒤이어 1997년에 '사랑이 뭐길래'(MBC 1991년 作)가 중국 CCTV에서 방영되어 큰 인기를 모았다. 이처럼 한국의 드라마로 한류에 대한 관심이 생겨나기 시작할 즈음 결정적으로 한국의 댄스 듀오 클론이 98년과 99년에 각각 대만과 북경에서의 공연을 시작으로 중화권에서 한류가 본격적으로 퍼지는 데에 큰 영향을 주었다. 이 당시 베트남에서는 중화권보다 한국에 대한 관심이 급속히 전국적으로 확산되었다. 그러나 한류 드라마의 원류로 거론되지 않는 이유는 '의가형제'(MBC 1997년 作)라는 한국 드라마가 대유행하긴 하였으나 한국어가 아닌 베트남어로 더빙된 것이었고 공식 수출도 아니었기에 한류의 시작이라고 하기에는 미흡했다.

이러한 사정으로 '한류의 출발점이 되었던 문화콘텐츠는 무엇인가?'에 대한 논의에서 한국 드라마를 가장 선두에 두는 것에는 별다른 이견이 없다. 그러나 한류 드라마의 시초가 된 작품은 무엇인가에 이견없는 합의를 보기는 그리 간단치 않다. 음반의 경우도 중화권은 한국가수의 음반과 공연이 주축이 되었다면 베트남은 현지 가수가 한국노래를 리메이크하는 형식이었기 때문에 한국 가수의 노래라는 것도 모르는 경우가 많았다.

2) 한류 생성기: 2000년대 초 · 중반

한류의 의미를 넓은 의미의 대중문화라 볼 때 그 본격적 시작은 2000년대 초반 동북아시아와 동남아시아권으로 드라마가 수출되면서부터이다. 중화권은 1990년대 후반 한류의 태동이 시작되었으며 이후 2000년대 들어서 '별은 내 가슴에'(MBC 1997년 作)나 '의가형제' 같은 드라마와 H.O.T, NRG 등의 아이돌 댄스그룹이 큰 반향을 일으켰다. 당시 중화권이 아닌 지역을 살펴보자면 베트남은 1997년 '의가형제'가 1999년 베트남 전국으로 방영되면서 한국 드라마 및 영화에 대한 관심이 급속히 확산하였고, 일본은 영화 '쉬리'와 '올드보이'로 흥행하기 시작해 '겨울연가'(KBS2 2002년 作)로 한류 열풍의 기반을 다졌다. 태국은 대체로 '가을동화', '겨울연가', '대장금' 등의 한국 드라마로 한국 문화를 받아들였다. 말레이시아, 인도네시아는 '가을동화'와 '겨울연가' 중남미 지역은 '별은 내 가슴에'가 한국 드라마로는 처음으로 중남미에 방영되기도 했다. 2001년 1월 페루를 시작으로, 파나마, 코스타리카, 파라과이, 콜롬비아, 베네수엘라에서도 방영되어 한류 콘텐츠의 시작이라고 할 수 있다.

이 시기의 한류 열풍은 중화권과 동남아시아는 일본과 양상이 서로 달랐다. 당시의 중화권과 동남아시아는 저작권 문제가 일본보다 다소 자유로웠다. 따라서 드라마의 전체적인 줄거리는 유지하나 대부분의 각본을 현지인의 상황에 맞게 수정하고 현지어 자막과 더빙을 사용하였다. 예능 또한 현지의 연예인이 등장한 작품으로 리메이크하여 한국의 콘텐츠라는 느낌을 주지 못했다. 반면에 이 시기의 일본은 한류라는 단어가 없었으나, 엄격한 저작권 문제로 리메이크보다는 한국영화 수입에 더 관심이 많았고 70년대를 배경으로 한 멜로 드라마가 중장년층에게 인기를 얻었다.

한류 1기에 해당하는 한류 태동기(1990년대 후반)와 한류 생성기(2000년대 초·중반)는 문민정부(김영삼, 1993~1997), 국민의 정부(김대중, 1998~2002), 참여정부(노무현 2003~2007) 시기이다. 이 시기는 문화를 통한 교류 협력 관계에 의미를 두어 한류 정책 관련 사업이 도입되던 시기이다. 일례로 방송영상산업의 해외 진출 지원사업으로 아리랑 TV의 해외 위성방송의 글로벌 네트워크 구축을 위한 지원이나 현지어 버전 제작을 위한 수출용 방송 프로그램의 제작 지원, 국내 음반업계의 해외 진출 지원 등을 통한 문화사업 육성 정책을 추진하였다. 이 시기는 컴퓨터나 네트워크를 의식하지 않고 사용자가 어디서나 접속 가능한 유비쿼터스(ubiquitous) 환경이 도래하고, 이로 인해 세계 경제의 흐름이 제조업 생산에서 콘텐츠 기반 경제 산업으로 옮겨가면서 문화산업에 대한 중요성이 커진 시기이다.

3) 한류 확장기 : 2000년대 중반~2010년대 초반

이 시기는 한류 2.0의 시대이나. 한류 1.0이 드라마 중심이었던 것에 비해 한류 2.0은 중심에는 K-Pop이 있다. 물론 1.0의 시대에도 HOT, 젝스키스, NRG, 신화, god, 베이비복스, S.E.S, 핑클, 샤

크라 등의 1세대 아이돌 그룹이 있었다. 그러나 1세대의 아이돌 그룹은 팬의 현장 참여보다는 라디오나 T·V 방송 위주이고 대상국도 중화권과 일본 동남아시아 등이 주요 활동무대였다. 2.0시대의 아이돌 그룹은 1.0 시대의 아이돌 그룹과는 확연한 차이가 있다. 이 시기의 아이돌 그룹은 동방신기, 슈퍼주니어, SS501, 빅뱅, FT아일랜드, 샤이니, 비스트, 씨엔블루, 원더걸스, 브라운 아이드걸스, 소녀시대, 카라, 2NE1, 브레이브걸스, EXID 등이 있다. 2세대 아이돌에 해당하는 이들은 중화권과 일본 동남아시아를 넘어 멕시코, 페루를 중심으로 한 중남미권과 미국, 유럽, 중동으로까지 진출하였다. 이와 더불어 텍스트, 이미지, 음향 중심의 콘텐츠 흐름이 동영상 중심의 콘텐츠 흐름으로 변하고, 이에 따른 사용자의 개인 창작물도 급속히 생산·소비되면서 새로운 해석이나 변형이 가능해졌다. 이러한 사용자의 자발적인 참여는 다른 콘텐츠로 변형되면서 드라마와 음악 이외의 다양한 분야로의 한류 확대가 가속화되었다. 이는 한류 1.0과 비교되는 한류 2.0의 큰 특징이다.

한류 2기에 해당하는 2000년대 중반~2010년대 초반의 한류 확장기는 이명박 정부(2008~2013)와 박근혜 정부(2013년~2017년)의 시기이다. 이 시기는 이전 정권이 문화를 통한 교류 협력 관계에 치중한 것과 달리 공격적인 '한류 콘텐츠' 사업을 추진한다. 한류를 국가 성장을 위한 동력으로 선정하고, 이를 국익 증대와 국격 제고 및 국가 브랜드의 홍보를 위해 활용하기 위한 정책을 수립해 국가 주도로 다양한 사업을 진행한 것이다(최영화, 2018:71). 이 시기의 문화정책은 '범국가적 콘텐츠산업 육성'(문화체육관광부, 2011a)에 집중되어 있다. 한류 정책의 기조도 이전 정부와 다른 양상을 보이는데 예를 들면, 한류의 육성책으로 한류 1기에 해당하는 정부는 대형 연예 기획사의 정부 보조금을 지원하는 형태라면 한류 2기에 해당하는 정부는 콘텐츠 사업 분야의 일자리 창출에 주력하였다. 예를 들면, 애니메이션이나 만화, 캐릭터 등의 콘텐츠를 중심으로 한 해외 진출 사업의 확장을 통한 콘텐츠 인력 양성 중심의 정책을 추진하였다.

4) 한류 심화기: 2010년대 중반~현재

이 시기는 한류 3.0으로 한류의 본격적인 글로벌화가 주목되는 시기이며 이전과 달리 신한류로 지칭되기도 한다. 기존의 한류와 비교하면 한류 심화기는 유럽권과 북미권의 경우 소수의 팬덤을 형성한 수준에 그쳤던 한류의 한계점을 벗어나, 한류의 지역과 대상은 전 세계적이 되었다. 3세대 아이돌 그룹은 이전 그룹과 달리 국내와 해외에서 동시에 데뷔하거나 해외 오디션 프로그램에 선발되어 해외에서 먼저 알려지는 경우도 많고, 해외 활동을 위한 외국인 멤버가 다수 참여하고 있다. 이에 해당하는 그룹으로 'EXO, BTS, GOT7, NCT, 스트레이키즈, 우주소녀, 블랙핑크, 공원소녀' 등이 있다. 이들은 초기 한류의 문화적 교류 차원보다 정부의 전폭적인 지원과 디지털 콘텐츠 시스템의 확대로 신한류로 성장한다.

한류 3기에 해당하는 2000년대 중반 이후 현재까지의 한류 심화기는 박근혜 정부(2013년~2017년)와 문재인 정부(2017~현재)의 시기이다. 이 시기는 신한류의 K-컬처에 집약되어 있다. K-컬처는 전통문화 · 문화예술·문화 콘텐츠를 모두 포괄하는 것으로 이들 요소가 유기적으로 연결되어 새로운 경제적 가치 창출을 목표로 한다. 문재인 정부는 이 K-컬처를 보호 육성하기 위한 정책으로 기존 공연과 차별화된 한류 확산 정책을 추진하고 있다.[4] 이 시기 막강한 예산 투입과 더불어 넷플릭스의 스트리밍 서비스, 유튜브의 동영상 API의 공개로 한류 관련 콘텐츠 수출액이 폭발적으로 증가했다.

3. K-Pop 한류

2000년대까지 한류의 주요 장르는 드라마였고, 대중음악은 드라마나 예능에 출연하여 얼굴을 알린 가수의 노래가 인기를 얻었다. 대중음악이 한류의 주요 요소이긴 하였으나 선두주자는 아니었다. 특히 80년대부터 90년대 중반까지는 비디오테이프와 DVD가 공존하던 시기이다. 특히 90년도는 비디오테이프가 전 세계에서 가장 눈부시게 활약한 매체이다. 따라서 비공식적으로 교포나 여행자에 의해 한국의 드라마가 외국으로 유입되기가 비교적 수월했다. '별은 내 가슴에'에

---

4 문화체육관광부 문화산업정책과 보도자료 (2018. 12. 13.)
　연예 기획사 연습생 불공정 계약 심사와 한류 콘텐츠저작권 보호를 위한 '인터폴과의 국제공조'(7억) '중소 콘텐츠 기업의 해외저작권 분쟁 지원'(18억) '온라인 실감형 K-팝 공연제작 지원사업' 예산(265억), 온라인 K-팝 공연을 제작하고 중계할 수 있는 전문 스튜디오 조성(200억), 중소 기획사를 대상으로 온라인 K-팝 공연제작 지원(65억), 영화제작지원 투자·출자 (350억), 독립예술영화 제작 (80억), 한국영화 아카데미 운영(96억), 장애인 영화 관람환경 개선 (21억), 게임 산업 양극화 해소를 위한 사업(646억), e-스포츠 상설 경기장 구축(24억) 등의 예산 투입

출연한 안재욱이 OST를 직접 부르고 대만 가수의 번안곡을 통해 인기가 급상승했다. 언어에는 장벽이 있지만, 가사와 멜로디에는 장벽이 없기 때문에 가능한 일이었다. 이는 한국 스타가 외국에서 경제적 창출 가능성이 있음을 알린 대표적 사례이기도 하다.

그러나 2010년대가 되면서 사정이 달라졌다. 한국 대중음악은 K-Pop이라는 이름을 달고 이른바 신한류가 되었다. 2000년대 'K-드라마'인 '구한류'의 전파범위가 대체로 아시아권에 머물렀다면 'K-Pop'인 '신한류'는 아시아를 넘어 유럽과 아메리카까지 이르는 지리적 경로를 보여주고 있기 때문이다.

한류는 우리나라의 대중문화 요소가 국경을 넘어 소비되는 현상으로 앞에서도 언급하였듯이 그 시초는 드라마였고 대중음악은 중심이 아니었다. 드라마에 등장하는 배우의 인지도가 콘서트의 주요 요소였을 정도로 부수적이었다. 드라마 한류에서 K-Pop 한류로 변화하게 된 이유는 무엇일까?

경제적 요소를 살펴보자면 1986년~1988년은 저달러·저유가·저금리의 '3저 현상'에 의해 우리 경제가 유례없는 호황을 누렸던 시기이다. 이 시기는 부모세대가 풍족했던 시기였기에 그의 자녀들 역시 경제적으로 풍족해져 청소년들에 의한 음반 구입이나 공연 문화의 새로운 소비자로서 등장한 시기이다. 공연 문화를 접할 기회가 증가한 이들은 90년대 초반 아이돌 문화의 소비층으로 부상했다.

이로 인해 호황을 누렸던 음반업계가 1997년 IMF 경제위기와 맞물려 디지털 음원 무료다운로드의 성행으로 메이저 음악사는 전례 없는 불황을 겪게 되자 새로운 탈출구가 필요했고 그 결과 해외 시장으로 눈을 돌린 것이다. 이때 한류 드라마에 출연했던 배우가 등장하는 노래콘서트는 특별한 마케팅 없이도 가능했기에 수익구조를 다변화할 수 있었다. 음악 내적인 환경변화로는 90년대 후반 '세계화'와 '신경제'의 변화 속에서 문화 교류에 대한 여러 정책으로 '랩, 레게, 하우스, 테크노 등의 미국 최신 음악 장르가 적극적으로 수입되어 10대와 20대가 소비하는 음악으로 자리 잡게 되었다. 이후 한국의 대중가요는 신세대가 소비하는 음악과 청·장년이 소비하는 음악이 뚜렷이 분리되었다. 이러한 여건 속에서 만들어진 K-Pop은 한류(Korean Wave) 열풍의 일부로 1990년대 후반부터 중국, 대만, 베트남 등 아시아 지역에서 인기를 끌었고, 2000년대 초에는 아시아 전 지역을 석권하였다. 유럽과 남아메리카 지역에서도 팬덤을 형성하여 2005년에는 미국 빌보드에 K-Pop 차트가 만들어졌고, 2013년 싸이의 〈강남스타일〉 현상을 낳았다(이수완, 2016:83). 현재 방탄소년단(BTS, 이하 BTS라 칭함)이 한국 대중가수로는 처음으로 팝 음악계 최고 권위의 미국 그래미어워드(Grammy Awards)에 후보에 오른 성과를 내었다.

'K-Pop과 한국의 대중음악은 어떻게 다른가?'에 대한 질문은 그리 간단하지 않다. 근대적 의미의 대중가요는 1920년대에 일제에 의해 근대적 의미의 대중음악, '대중'가요가 확립되었다고 알려져 왔으나 대중음악을 정의하기는 쉽지 않다. '대중', '음악', '근대' 등 어느 하나도 명확하게 설명하기가 어렵기 때문이다. 다음에서 대중음악의 근원에 대해 살펴보기로 하자.

미국의 대중음악이 유럽의 고전음악, 아프리카 음악, 그리고 라틴음악 등이 모여 형성되었듯이, 우리나라의 대중음악도 그 어느 하나만으로 설명할 수 없다. 요컨대 우리나라 대중음악의 근원은 외래음악의 단순한 이식이나 전통음악의 맹목적 계승 중 그 어느 하나만으로 설명할 수 없는 복잡한 양상을 띠고 있는 것이다.[5]

이러한 정의를 염두에 두고 대략적인 한국 대중가요를 살펴보자. 1960년대 초반 발라드풍의 스탠더드 팝 음악은 기존 트로트의 주도권을 빼앗았다. 이후 서구 장르인 포크와 록이 우리나라 대중가요계에 진입했고, 대중음악계에 영향을 주는 방송 매체가 발달하여 음악 환경에 큰 영향을 미쳤다. 70년대에는 포크 음악과 록 음악이 유입되어 양식의 다양성에 발판이 되었고, 이 시기 대한민국의 경제가 발전하면서 그 이전 세대와 달리 경제적 여유가 생긴 20대의 대학생들이 새로운 구매자로 떠오르기 시작한다. 80년대에는 발라드와 댄스 음악이 우리나라 대중가요의 주요 장르로 자리 잡았다. 발라드와 트로트는 1990년대 K-Pop이 등장하기 전까지 우리나라 대중가요를 대표하는 양대 지류였다. 1990년대 서태지 이후로 10대~20대 아이돌 그룹이 등장하면서 대한민국 가요계는 10대가 시장 전체를 장악하다시피하고 아이돌 문화가 생성되기 시작하였다. 이런 현상은 20여 년이 지난 지금까지도 이어지게 된다. 최근 디지털 미디어 발달로 빠른 한류 콘텐츠의 공유와 전파가 가능해졌다. 기존의 十한류는 동아시아 중장년

---

5 장유정 · 서병기, 『한국 대중음악사 개론』, 성안당, 2015, p. 66.

여성층을 주류로 형성되었다면 2000년대 후반 이후 K-Pop을 중심으로 나타난 신한류는 소셜 미디어 기반으로 미국·유럽·남미 등을 아우르는 세계적인 붐이 되고 있다. 한류 패러다임의 변화로 K-Pop의 다국적화가 초래되었고 그 결과 정체성이 모호해졌다.

4. K-Pop의 정체성

K-Pop은 현재 대중음악을 대표하는 주요 콘텐츠로 부상하면서 고부가가치를 창출하는 문화사업으로 변모하였다. 대중음악을 둘러싼 이런 환경의 변화는 음악이 '육성해야 할 산업'으로 인식되어 '경영'과 '마케팅'의 관점에서 다루어지기도 한다. K-Pop은 어떻게 기억될 것인가? 국내에서의 K-Pop은 아이돌의 음악으로 쓰이고, 외국에서의 K-Pop은 한국의 대중음악으로 쓰인다. K-Pop의 정체성에 관한 논의를 위해서 '한국' 대중음악에 대한 정의를 살펴보자.

'한국' 대중음악이란, '주로' 한국을 근거지로 하여 한국인 대중을 대상으로 만든 노래를 가리킨다. 애초부터 세계 시장을 염두에 두고 기획된 노래라 하더라도 그 노래가 기본적으로 한국 대중을 대상으로 하여 생산된 것이라면 '한국' 대중음악이라 할 수 있을 것이다.[6]

---

6 장유정·서병기, 『한국 대중음악사 개론』, 성안당, 2015, p. 47.

협의의 대중음악은 '작사가와 작곡가가 자신의 이름을 내걸고 음반 등의 대중매체를 통해 대중에게 유통할 목적으로 만든 작품이자 상품' 이다(장유정·서병기, 2015:41). 이러한 의미를 염두에 둔다면 다국적 협업을 통해 작업하는 K-Pop은 어떻게 정의해야 할까?

공간과 시간을 초월한 글로벌한 세계에서 외국회사가 기획한 한국 국적 가수와 한국 회사가 기획한 외국 국적 가수가 공존한다. 어느 것이 K-Pop인가?

한류 2.0시기에 일본에서 활동한 '보아'를 예로 들어보자. 일본은 자국 아티스트를 선호하는 경향이 그 어느 나라보다 강하다. 따라서 외국의 가수가 원곡을 유지하며 인기를 얻는 사례는 거의 없다. 자국의 문화시장이 선진화되었다는 자부심이 강하여 한국어를 포함하여 기타 외국어 가사의 노래는 거부감이 심하다. 한국인 가수로서 최고의 인기를 얻은 보아가 한국인인 줄 모르는 일본인도 많다. 기획사 SM의 주요 목표는 가수 보아의 일본인 같은 유창한 일본어 구사 능력이었다. 이를 위해 초등학생의 어린 나이에 일본으로 건너가 현지 문화와 언어를 습득한 후 중학교 2학년에 데뷔하였다. 보아가 일본에 진출하면서 1.5집 이후의 곡 들은 거의 대부분 일본인이 작곡한 것이다. 일본인 스텝, 일본인 프로듀서가 보아를 완벽하게 현지화시킨 것이다. 일본에서 활동하는 한국 가수는 일본 시장에 맞추어 일본인 작사가의 가사에 일본인 작곡가의 곡을 받아 일본인 안무가의 춤으로 공연한다면 한국적인 것은 그 어떤 것도 없다는 것을 의미한다. 보아가 한국 사람인 줄 모르는 보아의 일본 팬도 많고, 보아가 일본인 작사가와 작곡가의 노래로 일본에서 활동했다는 것을 모르는 한국 팬도 많다.

중국 시장 진출을 염두에 두고 결성된 동방신기도 일본어 발음인 도호신키(とうほうしんき)라 불리며 데뷔 초기부터 철저한 현지화 전략을 통해 일본 시장에서 J-Pop가수로 활동하였다.

오늘날 한류 3.0의 신한류 시기에 SM과 협업하는 작곡가의 대부분은 유럽 작곡가이다. 소녀시대의 〈소원을 말해봐〉는 북유럽 작곡가 그룹인 Design Group이 작곡을, SM 소속 가수이자 작곡가인 유영진이 작사와 편곡을, 일본계 미국인인 나카소네 리오(rino nakasone)가 안무를 담당해 만들어진 다국적 창작물이다(서민수 외, 2012.7). 사실상 SM 가수의 노래는 유럽의 작곡가들이 만들고 있다. JYP는 글로벌 오디션을 통해 멤버를 선발하며 해외 작곡가 및 프로듀서에게 소속 가수의 작곡을 의뢰하고, 해외 유학파 출신의 창작자를 영입한다. 한국적인 색채를 지우고 해외 수용자들의 거부감을 줄이고자 노력하여 8인조 걸그룹에서 대만인 1명, 일본인 3명 등 절반이 외국인 멤버인 트와이스가 탄생한다.

YG 엔터테인먼트의 블랙핑크 멤버는 태국인, 호주에서 자란 한국인, 뉴질랜드서 유학한 한국인 등으로 구성되어 영어 구사에 어려움이 없다. 따라서 셀레나 고메즈, 레이디 가가, 카디비와 협업작업이 가능하다. 외국인 멤버의 영입은 한국인 멤버가 배워서 할 수 있는 것과 커뮤니케이션의 깊이가 다르기 때문에 필요한 요소로 여겨지고 있다. NCT는 현재 한국인 9명, 외국인 12명으로 외국인이 더 많은 그룹이다. 교포 출신 혹은 다양한 인종적 민족적 배경을 가진 멤버 선발(예를 들면 2세대 K-Pop 그룹에는 중국인(fx의 빅토리아, 미쓰에이 페이), 일본인(엠아이비의 강남), 대만계 미국인(에프엑스 엠버, GOT 7 마크), 중국계 캐

나다인(M-슈퍼쥬니어 헨리), 태국계 미국인(닉쿤), 태국 국적 화교(여자) 아이들 민니), 네덜란드와 케나다 및 한국의 3중 국적 보유자(전소미) 등 다양한 인종적 민족적 배경을 가진 멤버가 참여한다. 성장 배경상 이들은 한국어와 영어 혹은 중국어를 비롯한 이중 언어를 구사하는 등 기본적으로 다문화적인 성향을 지니고 있을 수밖에 없다. 따라서 외국 국적의 멤버들은 해외 활동 시 언어의 장벽을 허무는 역할을 하고 자국민이 포함된 K-Pop 그룹에 대한 이질감을 없애는 효과도 있다. 특히 그룹 내 영어 능통자 멤버가 한두 명 포함되면 해외 팬과의 커뮤니케이션 효과는 극대화되어 해외공연을 위한 영어를 따로 공부해서 소통하는 경우와 확연히 다르다. 그룹 내 외국인 멤버가 자국어로 그룹의 소식을 전하는 라이브 방송을 진행하는 경우 이 그룹의 유튜브 조회 수를 좌우할 수 있는 역량이 크기 때문에 인터넷 조회 수에 있어서도 큰 역할을 차지하고 있다. 블랙핑크의 리사가 태국어로 블랙핑크의 일상과 공연 뒷이야기를 전하고 거기에 달린 댓글은 모두 태국어이다. 즉, 태국 내에서 블랙핑크는 자랑스런 태국의 걸그룹이다.

현재 다수의 K-Pop 그룹 안무가로 활동하는 카일 하나가미(Kyle Hanagami)는 블랙핑크, 레드벨벳, 소녀시대, 태연, 티파니, 트와이스의 안무를 담당한다. 키엘 투틴(Kiel Tutin)은 영국서 태어나 뉴질랜드서 활동하는 안무가로 빅뱅, 블랙핑크, 제니, 트와이스의 안무를 담당한다. 시에나 라라우(Sienna Lalau)는 사모이 중국 독일인의 피가 섞인 하와이 출신으로 BTS, 제이홉, 블랙핑크, 엑소의 안무를 담당한다. 시에나는 현대무용, 팝핀, 뮤지컬, 발레 등 다양한 장르를 복합적으로 녹여내는 안무 스타일이 BTS의 곡과 잘 어울린다는 평가를 받고 있으며 그녀가 대표 안무가로 있는 'THE LAB'은 공연 시 BTS 못지않은 인기를 누리고 있다.

최근 K-Pop 가수들은 아예 외국의 작곡가나 프로듀서들로부터 곡을 받아오는 경우도 많으며, 거기다가 영어로 된 가사까지 붙여버리니 과연 그것을 한국의 음악이라고 부를 수 있는지 모호한 것도 사실이다(이규탁, 2016:95).

해외에서 라라우는 BTS와 함께 아티스트로서 폭발적인 인기를 누리고 있다. 해외 인기 뮤지션들이 그녀의 인스타그램 팔로워를 증명하면서 라라우의 안무를 검색하기 때문에 라라우의 안무와 관련된 영상 조회 수도 폭발적이다. 이제 팬덤층은 BTS의 뮤직비디오를 보면서 BTS에 열광하다가 라라우의 안무를 찾아서 엑소의 '러브샷(Love shot)', 블랙핑크의 '하우 두유 라이크 댓(How do you like that)'뿐만 아니라 제니퍼 로페즈(Jennifer Lopez)와 시아라(Ciara)의 안무 영상도 조회한다. 마찬가지로 비욘세(Beyonce), 저스틴 비버(Justin Bieber)와 3인조 힙합 그룹 블랙 아이드 피스(Black Eyed Peas)의 안무를 보면서 키엘 투틴을 떠올리고 트와이스와 빅뱅의 안무가 얼마나 유사한지 유튜브에서 검색하고 자신의 해석을 달아 재창조 유통한다.

5. 맺음말

K-Pop 가수의 신곡 뮤직비디오가 유튜브 공식 채널에 올라오면 수많은 댓글이 달리는데 언젠가부터 이 댓글 창에 한국말보다 영어를 비롯한 외국어가 더 많이 보이기 시작했다. 현재 지보이즈

(Z-BOYS)라는 한국인이 한 명도 없는 아시아 7개국 합작 프로젝트 보이그룹이 K-Pop 그룹의 이름을 달고 활동한다. 이들의 국적은 '인도네시아, 대만, 베트남, 인도, 태국, 일본, 필리핀'으로 미국 본토에서 힙합과 댄스를 배운 멤버들이 노르웨이 출신의 세계적인 댄스팀인 '더 퀵 스타일(THE QUICK STYLE)'의 안무로 무대에 선다. 이렇게 구성된 팀을 K-Pop 그룹이라고 할 수 있을까?

이러한 현상은 초국적이고 초 영토적으로 만들어진 로컬 문화가 세계화 시장으로 역수출되는 과정에서 발생하는 현상이다. 특히 K-Pop은 '한국의 대중음악과도, 글로벌 팝 음악과도 다른 독자성'에 다양한 미디어로 관심을 끌고, K-Pop 팬덤은 고프로(GO PRO)와 같은 액션 캠으로 콘텐츠를 개조하여 자신의 것으로 재창조하고 공유·유통하는 팬 중심의 산업 시장이 형성되고 있다. 이제 K-Pop 팬덤은 수용자에서 적극적 생산자인 문화 프로듀서로 진화 중이다.

이러한 흐름으로 미루어 볼 때 K-Pop 생산국의 입장에서 글로벌 음악이 되기 위한 초국가성의 과도한 추구는 K-Pop의 혼종화를 부르는 결과를 초래할 수 있음을 명심해야 할 것이다.

참고문헌

단행본

이규탁, 『케이팝의 시대』, 한울, 2016.
장유정·서병기, 『한국 대중음악사 개론』, 성안당, 2018.

논문

김현진, 「트랜스 미디어 환경에서 케이팝 콘텐츠의 참여적 이용에 대한 연구」, 숙명여자대학교 대학원 박사학위논문, 2018.
이수완, 「케이팝(K-Pop), Korean과 Pop Music의 기묘한 만남」, 『인문논총』 제 73권 제 1호, 2016.
진경지, 「'한류' 용어의 어원 및 대만 한류 발전에 대한 고찰」, 『동아시아연구』 제 77집, 2019.
최영화, 「신한류의 형성과 한국사회의 문화변동」, 중앙대학교 박사학위논문, 2014.

자료

문화체육관광부 문화산업정책과 보도자료 (2018. 12. 13.)

저자 소개

김정희(金靜希) 가천대학교 아시아문화연구소 연구교수. 한일고대사, 일본상대문학 전공. 대표 논저로는 「『古事記』の世界観がつくるアメノヒボコ物語」(『일본학보』, 한국일본학회, 2014.2), 「古代史研究方法の見直し」(『日本文化研究』, 동아시아일본학회, 2015.4), 「世界観による境界—倭と韓」(『일본언어문화』제49집, 한국일본언어문화학회, 2019.12) 등이 있다.

한정미(韓正美) 도쿄대학(東京大学)대학원 총합문화연구과 객원연구원, 단국대학교 일본연구소 객원교수. 일본고전문학 전공. 대표 논저로는 『源氏物語における神祇信仰』(武蔵野書院, 2015), 「変貌する熊野信仰—古代·中世文芸を中心に—」(『日本学報』第123輯, 韓国日本学会, 2020.5), 「政治と怨霊, 鎮魂—怨霊となった崇徳院と端宗—」(ハルオ·シラネ 編, 『東アジアの自然観—東アジアの環境と風俗』, 東アジア文化講座4, 文学通信, 2021) 외 다수이다.

이부용(李芙鏞) 강원대학교 지역사회연구원 학술연구교수. 비교문학, 비교문화 전공. 대표 논저로는 「『짓킨쇼』 겐조라쿠 설화에 나타난 이공간 경험과 회귀」(『동아시아고대학』60, 동아시아고대학회, 2020), 「『源氏物語』における異文化受容—舞楽を中心に」(『比較文学研究』104, 東大比較文学会, 2018), 『비교문학과 텍스트의 이해』(한일비교문화연구회 엮음, 소명출판, 2016) 등이 있다.

김정희(金靜熙) 경기대학교 글로벌어문학부 일어일문전공 조교수. 일본문학, 일본문화 전공. 대표 논저로는 『일본문화의 연속성과 변화』(보고사, 2018), 藤原克己 監修・今井上 編 『はじめて読む源氏物語』(花鳥社, 2020), 『보이지 않는 것에 대한 인식과 그 표상—지식으로서의 모노노케』(『일본연구』80, 2019) 등이 있다.

박태규(朴泰圭) 가천대학교 아시아문화연구소 책임연구원. 한일비교문화 전공. 대표 논저로는 『일본궁중악무담론』(민속원, 2018), 『일본 아악의 이해』(역락, 2020, 공역), 「일본 아악(雅樂)의 악가(樂家) 연구」(『무용역사기록학』43, 무용역사기록학회, 2016) 등이 있다.

임다함(任다함) 가천대학교 아시아문화연구소 연구교수. 일본문화・비교문화 전공. 대표 논저로는 「시미즈 히로시(清水宏) 영화 속 타자의 재현 방식: 영화 〈아리가토 씨(有りがたうさん)〉(1936)를 중심으로」(『인문과학연구논총』제41권 제3호, 2020), 「미디어 이벤트로서의 신문 연재소설 영화화—『경성일보』연재소설 「요귀유혈록」의 영화화(1929)를 중심으로」(『일본학보』118집, 한국일본학회, 2019), 「대중 선전 장치로서의 미디어 이벤트—『경성일보』의 「경성고우타(京城小唄)」 현상모집(1931)을 중심으로」(『일본연구』30집, 고려대학교 글로벌일본연구원, 2018) 등이 있다.

김계자(金季杼) 한신대학교 대학혁신추진단 조교수. 일본문학・재일문학 전공. 대표적인 논저에 『일본에 뿌리내린 한국인의 문학』(역락, 2020), 「재일 사회파 추리소설 작가의 탄생—고 가쓰히로(吳勝浩)의 「도덕의 시간」을 중심으로—」(『일본연구』, 2020.9), 「「야키니쿠 드래곤」에 그려진 냉전시대의 재일조선인」(『일본근대학연구』, 2020.11) 등이 있다.

이승희(李丞熙) 가천대학교 아시아문화연구소 책임연구원. 한국어문학 전공. 대표 논저로는 「한·중 시간 관련 범주에 관한 소고—'었'과 '了'중심으로」(『언어연구』제33권 제4호, 2018), 「자세동사(Posture Verb)의 상적 특성에 관한 한·중 대조 분석」(『우리어문연구』60집, 2018), 「어휘상(Lexical aspect)의 관점으로 접근한 장소 구문의 한·중 대조—행위동사와 완수동사 중심으로—」(『언어학연구』50집, 2019) 등이 있다.

* 이 저서는 2019년 대한민국 교육부와 한국연구재단의 지원을 받아 수행된 연구임
(NRF-2019S1A5C2A04082620).

가천대학교 아시아문화연구소
아시아학술연구총서 12
아시아대중문화시리즈 ①

역사 속의 한류

초판 1쇄 인쇄 2021년 6월 10일
초판 1쇄 발행 2021년 6월 21일

기 획 가천대학교 아시아문화연구소
지은이 김정희(金靜希) 한정미(韓正美) 이부용(李芙鏞) 김정희(金靜熙)
　　　 박태규(朴泰圭) 임다함(任다함) 김계자(金季杍) 이승희(李丞熹)
펴낸이 이대현
편 집 이태곤 권분옥 문선희 임애정 강윤경
디자인 안혜진 최선주 이경진 ㅣ **기획마케팅** 박태훈 안현진
펴낸곳 도서출판 역락 ㅣ 등록 1999년 4월 19일 제303-2002-000014호
주 소 서울시 서초구 동광로46길 6-6(반포4동 577-25) 문창빌딩 2층(우06589)
전 화 02-3409-2060(편집부), 2058(영업부) ㅣ **팩시밀리** 02-3409-2059
이메일 youkrack@hanmail.net
홈페이지 www.youkrackbooks.com

ISBN 979-11-6742-034-3 94910
　　　 979-89-5556-053-4 (세트)